KB242585

한국의 미래와 민족성

한국의 미래와 민족성

金 基 錫

한국학술정보㈜

앞에 붙이는 글ǁǁǁ

서은^{西隱} 김기석 ^{金基錫} 교수는 1964년에 건국학술연구원에서 발간했던 「학술지 제5집」에 "민족성의 형성에 관하여"(On the formation of national character) 란 글을 발표하였다.

이 글은 우리나라 지성인에게 보내는 간곡한 메시지이다. 이 속에는 역사와 민족성, 민족성과 인종, 민족성과 국토, 민족성과 정치등 크게 네 쪽으로 구분하여 서술하고 있다. 이 글을 그대로 두기엔 너무도 아까워서 '한국의 미래와 민족성'으로 제를 바꾸어 펴내기로 하였다.

그리고 부록1로 1948년에 발표하였던 '새조선의 학생들에게'와 부록2로 서은 자신이 편집한 「윤리강령」을 싣기로 하였다.

조국의 미래를 위하여 심히 걱정하는 경향각지에 계신 모든 분들께 우리사회의 새로운 이정표^{里程標}의 향방을 잡는데 일조가 되었으면 한다.

출판사정이 어려운 오늘, 한국학술정보(주) 채종준 대표이사님의 협조에 대하여 다시금 감사의 말씀을 드린다.

동방정신문화연구소대표 김선양

차 례

1. 역사와 민족성

1. 역사와 민족성

1. 역사와 민족

──────────────────────────── 현 세기에까지 내려온 인류의 역사는 진실로 아득한 기원^{起源}과 평탄치 않은 경과를 갖는다. 사가들은 흔히 선사시대에 뒤이어 고대, 중세, 근세로 구분하여 이것을 다시 여러 민족, 여러 시대에 나누어 서술하거니와, Mohenjo-Daro의 발굴에서 보는 대로 우리들이 알고 있는 대빙하시대^{大氷河時代}에도 훨씬 앞서 놀라운 문명이 그 전에 있었던 것으로 생각된다. 아득한 옛날, 사람들이 굴속에 살면서 짐승을 잡아먹고, 물고기를 따라다니고 하다가 어쩌다가 막대기로 열매를 떨어뜨리고 잡아온 토끼나 양을 길들이는 일이 일어났을 것이다. 역사를 경과로 생각하면 자연의 경과가 그대로 자연의 역사거니와 역사는 자세히는 인간의 역사로서 「자연의 일」과 구별되는 「인간의 일」인데, 자연의 세계에 마주서는 역사의 세계의 새로움이 있다고 할 것이다. 역사는 인간이 자연 속에서 단순한 '자연 되기'를 그치고 자연을 자기에게 마주서는 것으로 만들면서 새로운 주체의 세계를 건립하는 데로부터 생겼다고 할 수 있다. 이 새로운 주체의 세계를 문화라고

부르고, 제작制作이라고 부르고, 자유라고 부를 수 있는 것이다. 다시 이것을 신앙이라고도 부르고, 정치라고도 부르고, 예술이라고도 부르고, 도덕이라고도 부를 수 있는 것이다. 그런데 역사는 인간이 만드는 '인간의 일'이거니와 인간이 전연 자연 밖에 나와서 이를테면 자연과 차단하고 자기 스스로도 인간되기를 완전히 폐기하고 이것을 만드는 것은 아니다. 인간은 자연 속에서 역사를 만들고 또 이 만든 역사에 의하여 자기 스스로 만들어지면서 어느 의미에서 다시 자연에 돌아온다. 역사는 「인간의 일」인 데서 자연과 구별되거니와 인간이 끝내 자연임을 면치 못하고, 또 역사의 현실적인 장이 자연임으로 해서 역사는 이를테면 대지 위에 뻗어 나아가는 차아嵯峨한 산맥이라고 할 수 있을 것이다.

그런데 이 같은 역사는 첫째, 일정한 지역의 역사로 전개된다. 일정한 지역 또는 풍토가 역사의 장場이 될 것이다. 아시아는 아시아로서, 유럽은 유럽으로서 또는 팔레스티나는 팔레스티나로서, 에게 해는 에게 해로서 각각 그 위에 벌어지는 역사의 현실의 장이 되는 것이다. 이 역사의 장으로서의 지역을 이해함이 없이 그 역사를 논하는 것처럼 거친 일이 없을 것이다. 어떻게 보면 한 역사는 그것이 벌어지는 지리적 조건에 의하여 이미 그 방향과 운명이 결정되었다고도 할 수 있다. 그리스사람들의 경우는 에게 해海 지역의 지리적 조건에 의해서, 로마사람들의 경우는 지중해 지역의 지리적 조건에 의해서 유럽 사람들의 경우는 대서양지역의 지리적 조건에 의해서 각각 저들의 역사가 결정됨을 본다. 미국사람들의 경우나 한국사람들의 경우도 북미대륙 또는 한반도의 지리적 조건이 각각 그 역사에 영향을 미치는 것임을 볼 수 있을 것이다. 헤겔이 『역사철학강의』에서 역사의 서술에 들어가기 전에 먼저 신세계와 구세계의 지리적 상세狀勢를 자세히 살핀 것은 사태를 올바로 밝히려는 마땅한 논구였던 것이다.[1]

---

1) G. W. F. Hegel, Vorlesungen über die Philosophie der Geschichte.

역사는 둘째, 일정한 민족의 역사로 전개된다. 민족의 형성에 관해서는 여러 가지 설이 있거니와 역사는 처음부터 개인이 만든 것이 아니고, 개인을 그 속에 가진 일정한 족류族類의 어울린 솜씨 또 그 협동작업인 것이다. 일정한 겨레가 역사의 주체가 될 것이다. 그리스의 역사는 그리스사람들, 이스라엘의 역사는 이스라엘 사람들, 그리고 중국의 역사는 한족, 유럽의 역사는 유럽 사람들의 역사가 되는 것이다. 물론, 한 역사의 주체가 되는 사람들은 다른 족류와의 교섭, 분쟁에 들어가고 또 그렇게 함으로 해서 한 역사가 역사임을 얻거니와 역사는 어디까지나 이것을 이끄는 자 또는 맡는 자가 있어야 하고 이 주체의 생리, 습성, 품격을 거기에 반영하는 것은 면하기 어려운 일이다. 그런데 한 역사의 주체로서의 사람은 개인이 아니고 겨레거니와 이 겨레는 다른 겨레와 같지 않은 성격을 가짐으로 해서 넉넉히 남의 역사와 구별되는 자기들 자신의 역사를 만들 수 있는 것이다. 역사의 주체로서의 겨레는 어느 의미에서의 개별자가 되어야 할 것이다. 만일 이스라엘 사람들이 그리스사람과 전연 같은 성정을 가졌다고 하면 이스라엘의 역사는 전개되지 못하고 다른 하나의 그리스의 역사, 혹은 그리스역사의 한 분파가 전개되었을 것이다. 역사는 심한 개별성의 세계거니와 바로 그 근거가 역사를 담당하는 겨레의 개별성에서 온다고 할 수 있다. 인류의 역사가 하나인 인류의 역사면서 여럿인 민족의 역사로 전개되는 것은 여기에 연유하는 것이다. 각각 같지 않은 생리와 습성과 품격을 가진 여러 민족들이 자기들의 역사를 짜 나아가고 이것들이 하나인 꽃타래로 모이고 얽혀 인류의 역사를 이루기에 이르는 것이다.

역사는 셋째, 일정한 과제의 역사로 전개된다. 일정한 지역에 일정한 사람들이 나서서 일정한 짐을 지고 가는 것이 역사의 현실의 모습일 것이다. 토인비(A. J. Toynbee)는 역사를 「물음」과 「응답」의 연속으로 생각했거니와 역사는 결국 짐을 지는 일이 되는 것이다. 그리스사람들은 학술과 예술이라는 짐을 겼고, 이스라엘 사람들은 신앙이라는 짐을 겼고, 로마 사람들은 법제^{法制}라는 짐을 졌고, 근세유럽 사람들은 자연과학과 기술이라는 짐을 졌고……. 짐을 지는 일이 없는 곳에 역사가 전개되지 못할 것이다. 역사의 소명의식^{召命意識}이란 말이 있거니와 이것은 역사의 짐을 말하는 것이 되는 것이다. 역사는 짐의 역사다. 짐이 무거움으로 해서 역사가 난중^{難重}하고, 짐을 지는 일이 어려움으로 해서 역사가 가시밭길이 되는 것이다. 지역이 역사의 풍토를 보이고 사람이 역사의 품격을 보인다고 하면 짐은 역사의 운명을 보이는 것이 된다. 역사가 자기 속에 반복을 가질 때, 이것은 짐 때문에 반복하는 것이고 역사가 다른 역사에 넘어갈 때, 이것은 짐이 넘어가거나 짐의 바꾸임이 되는 것이다.

지역과 사람과 짐, 이 중에서 가장 긴중한 요소가 사람이 될 것이다. 지역과 짐이 지역대로의 지역, 짐대로의 짐이 아니고, 사람이 그 위에 서고 사람이 그것을 짐으로 해서 그 사람의 지역, 그 사람의 짐이 되기 때문이다. 역사 속에서 지역과 짐은 말하자면 직접태^{直接態}로부터 매개태^{媒介態}로 돌아온 것이라고 할 수 있다. 그 사람에 의하여 지역이 비로소 환경이 되고 짐이 자세히는 책임이 되거니와 사람이 씩씩하고 허탈한 것과 부지런하고 게으른 것이 그 역사의 품위를 결정하는 바탕이 되기 때문이다. 민족의 생리와 습성과 품격―이것은 그 민족의 역사를 짜 나아가는 날(경^經)이요 씨(위^緯)가 되는 것이다. 이스라엘 사람들은 이스라엘 사람들의 성정을 가지고 로마 사람들의 역사를 짜기 어려웠을 것이고, 인도사람들은 인도사람들의 성정을 가지고 미국사람들의 역사를 짜기 어려웠을 것이다. 민족의 성격이 역사의 품격을 결정한다. 역사가 새로운 역사가 되기 위해서는 이것을 짜는 민족의 성격이 새롭거나 또는 새로워져야 할 것이다. 낡은 민족성, 썩은 민족성으로 새로운 역사를 짜려는 일은 마치 썩은 나무로 도장을 새기고, 부스러지는 흙으로 벽을 바르는 것과 마찬가지일 것이다. 하루를 가고 이틀을 가도 그는 마침내 새 물건을 제작하지 못하고 손을 털고 일어서게 될 것이다. 새로운 역사를 담당하여 이것을 우렁차게 짜 나아가기 위해서는 민족성 속에 위대한 이적^{異蹟}

이 일어나야 할 것이다. 새로운 민족성의 이적, 이것이 전망의 세대 속에 있는 현대문명의, 오직 하나의 희망인 것이다. 그런데 민족성에는 이적이 일어날 수 있다. 썩은 흙이 새 흙으로 소생할 수 있는 것과 한가지로 낡은 민족성이 새로운 民族性으로 거듭날 수 있는 것이다. 썩은 흙이 새 흙이 되기 위해서는 벽에서 떨어져 나와 밖에 옮겨져 오랫동안 바람과 이슬과 비를 맞는 일이 필요하다. 소나무 냄새가 여기에 스며들고, 뜨거운 햇볕이 여기에 내리쪼이고, 거센 폭풍우가 후려갈기고……. 이렇게 하기를 한 달이요 두 달 거듭하는 동안 썩은 흙은 청신淸新하고 풀기 있는 새 흙으로 蘇生하기에 이른다. 민족성도 또한 이와 같은 것이다. 소나무 냄새와 햇볕과 폭풍우가 필요하거니와 역사와 자연은 도처에 이것을 두고 있는 것이다. 한 사람 한 사람이 음울한 고소古巢에서 벗어져 나와 맑고 청상淸爽한 대기 속에 나오는 일이 남아있을 따름이다.

그런데 역사가 민족의 역사로 전개되는 데는 다른 새로운 뜻이 있는 것이다. 헤겔은 세계사는 세계심판이 된다고 하여 민족정신이 각각 자기의 깃발을 들고 무대에 올라와 자기 맡은 역을 치르고 내려가는 것으로 생각했다. 세계역사는 아닌 게 아니라, 어느 의미에서 세계심판이 될 것이다. 그리고 이 세계사를 이끄는 것이 다름 아닌 세계정신일 것이다. 세계정신은 헤겔에 의하면 민족정신으로서만 그리고 민족정신에 의해서만 나타난다. 여기서 우리들은 헤겔의 유명한 진무한眞無限, 악무한惡無限의 사상에 만난다. 보편과 개별의 문제에 대하여 헤겔은 보편주의나 개별주의에 기울어지지 않았다. 보편에 있어 어디까지나 개별을 물리치는 것이 아니고, 자기 속에 받아들이고 자기 스스로 하나의 개별이 되어 나타나는 것을 참된 보편이라고 생각했다. 세계사는 역시 각 민족의 역사를 떠나거나 넘어서서 따로 있는 것이 아닐 것이다. 민족의 역사가 높고 낮고, 아름차고 허한 대로 그 하나하나가 세계역사로서의 뜻을 가지고 또 거기에 부딪치는 일이 될 것이다. 세계역사를 보편의 역사라고 하고 민족의 역사를 개별의 역사라고 하면 이 하나하나의 개별의

역사를 떠나서 그대로 보편의 역사가 있을 수 없는 것이다. 주^周 왕조의 흥
륭, 이스라엘의 고난, 아테네의 문화, 로마의 행정과 문명, 근세유럽의 자연
과학과 기술이 모두 보편사로서의 일면을 갖는 것으로서 이것을 떠나서 따로
세계사의 진전이 있을 수 없는 것이다. 민족의 역사는 그러므로 그것이 빛나
거나 궂거나 간에 세계사에 참여한다고 할 수 있다. 로마의 흥기뿐이 아니고
그 쇠망도 세계사의 흘러내리는 어쩔 수 없는 갈피인 것이니, 개인으로서 페
리클레스(Pericles)나 세종^{世宗}의 치^治만이 세계사에 귀명^{歸命}하는 뜻을 갖는
것이 아니고, 네로, 연산^{燕山}, 히틀러, 스탈린의 유^類도 세계사의 굴러 떨어지
는 대목을 보인 데서 보편사의 한구석에 기대는 그림자가 된다고 할 것이다.
1919년에 발표된 독립선언서에는 "춘만한 대계^{大界}에 민족적정화^{精華}를 결뉴^{結紐}
할지로다"라는 말이 보였다. 이 춘만한 대계가 보편사로서의 세계사가 될 것
이고, 그 속에서 벌어지는 민족적정화가 개별사로서의 민족의 역사가 될 것
이다. 세계는 어디까지나 무적^{無的} 보편으로서의 뜻을 가져 개별인 민족이 자
기 스스로를 엮음으로 해서 민족이 민족이면서 세계에 부딪치고 또 이것을
드러내기에 이르는 것이다.

　헤겔은 세계사를 "자유 의지에 있어서의 진보"라고 생각하여 이 같은 세계
사의 진전단계를 ① 동양적 세계, ② 그리스로마적 세계, ③ 게르만적 세계
에 나누었다.[2] 세계는 본래 세계사의 하나의 자각단계로서 단순히 휘넓은
땅이 그대로 세계가 되는 것은 아니다. 유럽도 하나의 세계거니와 한토^{韓土}나
인도도 하나의 세계일 수 있다. 세계는 땅의 넓고 좁은 것으로 규정되는 것
이 아니고, 자기를 보편으로 알면서 거기에 수많은 개별들이 있어 하나인 역
사가 벌어져 나아갈 때는 모두 세계인 것이니, 고대그리스도 하나의 세계,
삼국시대의 한역^{韓域}도 하나의 세계였던 것이다. 고대그리스의 경우에는 스파
르타나 아테네가 그리스적 세계의 한 나라였고, 삼국시대의 경우에는 고구려

---

2) G. W. F. Hegel, Vorlesungen über die Philosophic der Geshichite.

나 신라가 한역적 세계의 한 나라였다. 중국의 경우도 마찬가지다. 춘추전국 시대에는 진晉·채蔡·양梁·진陳이 각각 중국적 세계의 한 나라였다. 지금 우리 들이 유럽에 대하여 아시아를 구별하거니와, 이것은 어디까지나 지리상의 구 별이요, 역사상의 구별로서는 중국이나 인도 내지 한역이 유럽에 해당하는 것이 될 것이다. 그러므로 오늘날 유럽 안에서의 독일사람과 영국사람, 벨기 에사람과 프랑스사람의 거리는 한국사람과 인도사람, 중국사람과 미국사람의 거리가 아니고, 도리어 어느 의미에서 스파르타사람과 아테네사람, 고구려사 람과 신라사람의 거리에 가까운 것이 될 것이다. 세계가 자기를 확대시키는 것처럼 나라도 자기를 확대시킨다. 아테네 사람들의 경우에는 아테네가 자기 들의 조국이었고 그리스가 그대로 조국이 아니었던 것처럼, 백제사람들의 경 우에는 백제가 자기들의 조국이었고 한역이 그대로 조국이 아니었다. 그런데 지금은 사정이 바뀌어 그리스사람들에게는 그리스가 자기들의 조국이요, 아 테네의 고지故地가 그 조국이 아닌 것이다. 한역의 경우에도 오늘의 한국사람 들에게는 한토가 자기들의 조국이요, 백제의 고지가 그 조국이 될 수 없는 것이다. 여기서, 우리들은 보편의 변천과 함께 개별의 변천을 읽는다. 민족이 부단히 자기를 형성해야 하는 것은 이 같은 역사에 있어서의 보편 및 개별의 변천 때문일 것이다. 스파르타사람과 아테네 사람이 하나인 그리스사람으로 전성될 때, 그 빼어나고 굳은 요소들이 융합되면서 여기에 다시 역사의 거센 바람, 오랜 풍화작용을 거쳐 오늘의 그리스사람의 성격이 조각된 것처럼, 고 구려사람과 신라사람이 하나인 한국사람으로 전성轉成될 때, 그 각각 가지고 있던 요소들이 융합되면서 통일신라, 고려조, 조선조를 거쳐 내려오는 역사 의 많은 풍화작용의 영향을 받아 오늘의 한국사람의 성격이 형성된 것이다.

2. 민족의 성격

민족은 그 자신 역사의 산물이다. 역사 속에서 많은 풍화와 여과를 거쳐 오늘에 이른 것이다. 오랜 역사를 거쳐 오늘에 이르는 동안 지금에 보는 민족들이 형성되었을 것이다. 민족은 그 자신의 구조를 갖는다. 물질적인 밑바닥과 그 위에 정신적인 상부구조를 이루는 것이다. 이 물질적인 밑바닥이 주로 인종과 풍토일 것이고, 그 위에 세워진 상부구조가 주로 정치와 언어와 신앙과 교육일 것이다. 물질적인 밑바닥과 상층과의 사이에 어떤 뚜렷한 경계선을 긋기란 어려울 것이다. 역사의 면에서 보면 민족은 부단히 움직이고 있고, 구조의 면에서 보면 민족은 어느 정도 침전沈澱되는 면을 갖는다. 역사가 어느 의미에서 민족이 끌고 나아가는 시간의 흐름인 데 반하여, 그 구조는 어느 의미에서 민족이 자기를 아로새겨 놓은 공간형상이 되는 것이다.

민족은 처음부터 보편인 세계가 아니고 이 세계를 메워가는 개별로서의 여러 점이요 선이었다. 세계를 자연이라고 하면 민족은 그 속에 있는 산이나 물이고, 세계를 산맥이라고 하면 민족은 그것을 이룬 봉만峰巒이나 계협溪峽이 되는 것이다. 그러므로 민족은 처음부터 다多일 수밖에 없다. 민족이 다요 복수複數임으로 해서 한 민족은 다른 민족과 구별되는 그 자신의 모습 또는 정조를 갖는다. 하나가 다른 것과 구별되는 그 자신의 모습을 갖는 일은 모든 개별적인 것의 운명일 것이다. 나무는 풀과 다르고, 풀은 바위와 다르고, 같은 나무면서도 소나무는 잣나무와 다르고, 잣나무는 오동나무와 다르고……산용수태山容水態라는 말이 있거니와 이것은 같은 자연 속에 있는 산이요 물이라고 해도 하나하나 그 모양이 같지 않아, 혹은 빼어나고, 혹은 잔잔하고, 혹은 장엄하고, 혹은 부드러워 각각 같지 않은 인상을 우리에게 줌을 이르는 것이 되는 것이다. 그런데 이 자연의 모습에 비하여 사람의 모습은 나타난 형상과 나타나지 않은 형상이 한층 더 유현幽玄함을 보인다. 수풀이나 시내의 모습은 아침 햇빛이나 저녁 어두움을 받아 그 아롱짐이 다르거니와 사람의 경우는 바깥 광선 때문만이 아니고 사람 그 자체가 흔들리고 여기에 정신에서 피어오르는 기류 때문에 그 양상이 한층 더 다채로울 수밖에 없다. 그러나 그러면서도 개인은 여전히 다른 개인에 대하여 얼굴 생김이나 그 습성이 서로 같지 않음을 볼 수 있는 것이다. 개인의 가진 특징을 우리들은 그 외모나 생활로 해서 이것을 알아낼 수 있는 것이다. 이것은 모든 개적인 것이 사람이거나 물건이거나 자기를 다른 것에 대해서 구별하면서 비로소 있게 되는 것이고, 그 자체의 냄새, 빛깔을 떠나서 무색투명한 것으로 있을 수 없기 때문이다.

그런데 민족은, 개인에 대해서는 어느 의미의 보편이거니와 자기를 넘어서는 보편의 세계에 대해서는 다른 하나의 개별이 되는 것이다. 여기에 제일개별적인 개인과 제이개별적인 민족과의 차가 있다. 민족의 경우의 성격과 개인의 경우의 성격이 성격으로서 다를 바 없거니와 하나가 '볼 수 있는 성격'임에 반하여 하나가 '볼 수 없는 성격'인 것인 것은 이 때문이다.

개인의 성격과 민족의 성격과는 그 표현과 형성의 면에서 보아 다음의 몇 가지 차이가 있다.

(1) 개인은 이것을 눈으로 볼 수 있다. 그의 성격은 그 걸음걸이와 얼굴에 관련이 있고 눈에 뵈는 행동에 나타난다. 그리고 이것들은 그 사람에게서만 볼 수 있는 것이다. 그런데 민족은 눈으로 볼 수 없고 또 여러 모양의 차이를 가진 성원들이 포함된다. 민족의 성격은 눈으로 볼 수 있는 것이 아니라, 그렇다고 믿어야 하는 사태다. 민족의 성격은 과학적으로 설명할 것이 아니고 주어진 사태로 받아들여져야 한다. 그러면서도 모든 역사진전의 특성과 내용을 규정하는 요소가 된다.

(2) 개인은 단일 의지로서 그 작용은 일생애로써 끝난다. 개인의 성격은 그 한 사람 그 한 생애 동안만 계속되는 것으로 그 사람이 가졌던 성격의 특성과 형성은 그 사람의 생애로써 아주 끝나는 것이다. 그런데 민족의 경우는

그렇지가 않아 여러 의지의 덩어리 같은 것으로서 그 작용은 여러 세기에 걸친다. 개인의 성격이 그 사람과 시종始終을 같이하는 데 반하여, 민족의 성격은 그 민족과 운명을 같이하는 것으로서 민족이 존속되는 한, 민족의 성격은 자꾸만 뻗어 나간다. 민족의 성격이 개인의 성격에 대하여 그 내용이 덜 분명해 보이면서 오히려 오랜 지속성과 영향을 갖는 것은 이 때문일 것이다.

（3） 개인에 있어서 그 성격의 형성은 언제나 자의식을 수반하는 것이 아니다. 개인은 자기 스스로 모르는 중에 어떤 일정한 성격에 판이 박히기에 이른다. 그런데 이 사태가 민족의 경우는 한층 더 심하여 그들은 전연 의식 없이 한참 동안 걸어가다가 바뀐 자기를 발견하기에 이른다. 그들은 이를테면 안개 덮인 산을 올라가는 행자처럼 한 걸음 한 걸음 더듬어 올라가 마침내 상상조차 못했던 경관景觀에 부딪치게 되는 것이다.

민족들이 각각 자기의 성격을 갖기에 이른 것은 이루 헤아릴 수 없는 자연의 계보, 역사의 계보를 갖는다. 그리고 민족들 성격의 현실상황은 그들이 원해서도 아니고, 원치 않아서도 아니고, 자연과 정신, 자동과 타동, 의지와 충동, 자제와 운명이 얽히고설키어 마침내 오늘에 보는 색채와 정조를 지니기에 이른 것이다.

칸트는 여러 나라 사람들의 민족성의 특징을 다음과 같이 기록했다.3) "스페인사람은 엄격, 침묵 그리고 성실하다. 스페인 상인처럼 세계에서 정직한 상인은 없다. 그들은 아름다운 행동보다도 위대한 행동을 좋아한다. 그들은 고귀한 국민적 자부를 갖고 남을 알기를 원치 않는다. 이탈리아사람은 스페인사람들의 엄격함과 프랑스사람들의 쾌활함을 아울러 가졌다. 그 표정은 감각의 강렬한 움직임을 보이고, 그 용모는 표정으로 가득차 있다. 이탈리아사람들은 공공의 오락을 좋아한다. 이를테면, 호화로운 의상, 행렬, 연극, 사육제, 가장무도회, 미술적인 공공건축, 회화, 대규모의 로마의 고적, 구경하기

---

3) K. Vorländer, Kants Weltanschauung aus seinen Werken. SS. 257~262.

와 남에게 보이기를 좋아한다. 루소가 말한 대로 그들은 호화로운 객실에서 떠들고, 비좁은 구석방에서 잔다. 프랑스사람은 예절이 바르고, 정중하고, 애교가 있다. 그들은 매우 기지機智를 좋아해서 기지가 올라오기만 하면 다소의 진리를 희생하는 일을 꺼려하지 않는다. 프랑스는 취미의 나라다. 교제 즐기기, 요설, 부박浮薄, 방일, 명예심, 교태⋯⋯적도適度의 향악享樂. 여성은 상냥하고 이지적이다. 내용보다도 외형을 존중한다. 에스프리란 정신과 기지를 의미한다. 용기를 갖고 있으나 훈련이 부족하고, 호의는 아니면서도 친절하고, 미덕이 아닌 데도 예절이 바르고, 허영심에 가까운 애국심을 갖고 있다. 영국사람은 처음에는 사귀기 어렵지마는 가까워지면 무척 자세히 돌보아 준다. 그들은 끈기가 있고 때로는 완고하기조차 하고, 대담하고, 결단성이 있다. 영국국민은 백성으로서는 인간상호의 관계에 있어서 가장 존경할 만한 인간의 집합으로 생각된다. 그러나 다른 국가에 대한 한 국가로서는 모든 국가 중에서 가장 파괴적, 가장 폭력적, 가장 야심적, 가장 호전적이다. 러시아사람과 폴란드사람은 자율적이 못 된다. 자유에 의해서 또는 법률에 의해서 다스려지는 일이 자연적으로 불가능한 제민족諸民族은 야만이다. 러시아는 전자고, 폴란드는 후자다. 자유일 수 없는 국민은 통치를 즐기지 않고, 그것을 붕괴시키기를 원한다. 폴란드사람은 연약하고, 교만하고, 그러면서도 추종적이다. 러시아사람은 명령하는 일과 복종하는 일이 아울러, 곤란하고, 완고하고 음험하다. 일본사람은 이를테면 아시아대륙의 영국사람이라고 할 수 있을 것이다. 그러나 그들의 편파일 정도의 불굴성, 용감, 죽음을 경시하는 이외에는 거의 아무런 특성도 갖고 있지 못하다. 그 밖에 그들은 고상한 감정 자체의 아무런 특징도 보이지 않는다.”

민족의 성격은 물론, 자연의 제약을 받거니와 그러면서도 어디까지나 역사에 의해서 만들어진다. 그렇기 때문에 한번 찍혀서 영 지워지지 않는 인印 같은 민족의 성격이란 없는 법이다. 민족성이 그 민족의 운명이 되는 것이 아니다. 도리어 각 민족이 자기들의 성격과 그 운명을 만든다. 민족성은 단순히 만들어지는 것뿐이 아니고 몇 번이고 몇 번이고 계속해서 만들어진다. 민족성은 단 한 번만 만들어져 그대로 영속되는 것이 아니다. 그것은 언제나 수정될 수 있는 상태 속에 남아 있다. 민족에 있어 그 자신의 역사 속에서 새로운 상황에 맞도록 또 새로운 목적에 맞도록 그 민족성을 고칠 수 있는 것이다. 그 변화가 때로는 완만한 경우도 있고 때로는 급격한 경우도 있다. 그렇기 때문에 그 관찰하는 시대가 다르면 한 민족에 대해서도 얼마든지 다른 서술이 있을 수 있는 것이다. 혹은 부박(浮薄)하고, 혹은 끈기가 있고, 혹은 자유를 사랑하고, 혹은 국가의 군대식 편제에 견디어 나가고……. 대다수의 역사는 그 민족성이 부단한 변천 속에 있음을 보여준다. 예전에는 영국사람들이 도리어 다스리기 어렵고, 혁명적이고, 변화를 좋아하는 백성으로 소문났다. 프랑스사람들은 국왕에 대한 충성심과 자기들의 제도에 집착이 두터움을 자랑했던 것이다. 그러나 지금은 사태가 도리어 바뀌어, 전자의 특징이 후자의 특징에 가깝고, 후자의 특징이 전자의 특징이 되어 있음을 알 수 있다. 이 같은 사실을 기억한다고 하면 사람들은 한 민족의 지난날의 민족성에 의해서 그 민족의 현재를 판단하는 일은 삼가야 할 것이다. 그러면서도 우리들은 한 민족의 성격 속에 어떤 깊은 항구성에 가까운 성향이 누워있음을 알아야 할 것이다. 표면이 흔들린다고 해서 그 밑에 움직이지 않는 고요한 밑바닥이 누워있음을 간과해서는 안 된다. 민족성은 어느 의미에서 지면 위에 뻗어나가는 여러 모양의 식물 같은 것이 될 것이다. 토양과 기류와 광선과 수분과 그 밖의 환경에 따라 빛깔과 형상이 다소 변하거니와 포도넝쿨은 포도넝쿨, 무화과는 무화과인 것이니 여기에 헤아릴 길 없는 신비가 있다고 할 것이다.

고조선사람들은 천성이 관대하여 장자(長子)의 풍이 있었는데, 한족이 우리 선조들을 동이(東夷)라고 부른 것도 이 크고 너그러운 기상 때문이었고, 한서지리지(漢書地理志)에 우리의 풍습의 한 구절을 기록하여 '是以, 其民, 終不相盜 無門戶之閉. 婦人貞信不淫辟'라고 한 것이 모두 이것을 보인 것이었다. 내려와 고구려사람들의 기상은 상무적이면서 질박강건^{質朴剛健}하였다. 이 때문에 강국 고구려를 일으켰고, 신라사람들의 경우는 풍류를 좋아하고 고매 우아하여 이 것이 화랑도^{花郎徒}로 발전한 것이었다. 고조선의 '너그러움'과 고구려의 '씩씩함' 과 신라의 '향기롭고 빼어남', 이것이 우리 민족성의 근간을 이루는 것이다. 그런데 신라의 연당정책^{聯唐政策}과 그 이른바 민족소통일^{民族小統一}에 의하여 겨레 의 기우^{氣宇}가 적어지면서, 통일신라와 고려조, 조선조를 거쳐 옹색하게 반도 가 비좁은 판국에 국척^{跼蹐}하는 데 미쳐 이 '너그러움'을 중심으로 한 '씩씩함' 과 '빼어남'이 차츰 풀어지기 시작하여 '너그러움'은 무정견, '씩씩함'과 '빼어 남'은 난폭과 아첨에 기울어져 오늘에 보는 허다한 결함을 자아내기에 이른 것이다. 그러나 혁명적이었던 영국사람들이 보수적으로, 보수적이었던 프랑스 사람들이 혁명적으로 바뀐 것처럼, 오늘의 많은 결함을 가진 우리 민족성은 역사의 전진과 우리들의 노력에 의하여 얼마든지 빼어난 민족성으로 바뀔 수 있음을 알아야 할 것이다. 그 위에 지금 우리들의 혈관 속에는 본래의 우리 민족성의 높고 우렁참이 그대로 흐르고 있는 것이니, 현재의 전도된 상황으 로부터 이것을 전회^{轉廻}시키는 데는 우리들 한 사람 한 사람의 견강한 결심과 그 헌신이 남아 있을 따름이다.

3. 역조흥망^{歷朝興亡}의 논리

현세기에 이른 인류의 역사는 황하유역, 나일 강 유역에서 그 첫 번 빛을 보았다고 한다. 이 강기슭에 사람의 그림자가 비치기 시작한 이후 역사는 예 나 이제나 민족흥망의 역사로 전개되어 오늘에 이른 것이다. 여러 민족들이 일어나 혹은 자기를 세우고, 혹은 남과 어울려 겯고 튼 쟁패의 역사였다. 동 방에서는 한토가 일어나고, 인도가 일어나고, 페르시아가 일어나고, 이집트가 일어나고, 서방에서는 그리스가 일어나고, 로마가 일어나고, 유럽이 일어나고……. 그런데 저들은 모두 씩씩하게 일어나 기운차게 내닫다가 마침내 차례로 쓰러졌다. 이것은 비단 역사에 나타난 지역이나 민족만이 그런 것이 아니고, 시대도 그랬고, 개인도 그랬고, 사건도 그랬던 것이다. 만일 지금까지 내려온 인류의 역사를 그 지역별, 민족별, 시대별, 사건별로 선을 그린다고 하면 금강산 일만 이천 봉의 오르고 내린 선을 한없이 포갠 것이 될 것이다. 무엇 때문의 저들의 일어남이고, 무엇 때문의 저들의 내어달음이고, 무엇 때문의 저들의 쓰러짐이뇨? 모르괴라, 한 사람, 영원자永遠者를 역사 속에 두지 않으려기 때문일 것이다. 만일 문왕文王의 천하가 지금까지 계속되었다고 하면 동양사는 하나의 문왕사가 되었을 것이고, 알렉산더의 원정이 오늘까지 뻗어 내려왔다고 하면 서양사는 그대로 알렉산더사가 되었을 것이다. 그런데 그렇지가 않아 동양에는 주 왕조 뒤에 많은 흥망이 있었고, 서양에는 알렉산더 뒤에 여러 모양의 변천이 휩쓸었던 것이다. 한토사韓土史, 인도사, 페르시아사, 그리스사, 로마사, 유럽사……, 여기에는 다시 수많은 시대와 인물과 사건이 등장한다. 헤겔은, 세계사는 세계정신이 이것을 이끄는 것으로서 시대나, 인물이나, 사건은 결국 이념의 자기表現의 수단이 된다고 했다. 세계사는 분명히 어느 의미에서 여기에 올라오는 민족들의 무대가 될 것이다. 그런데 이 무대는 언제나 씩씩하게 올라와 쓰러지면서 내려가는 무대일지 모른다. 세계사의 무대에 올라오는 민족의 기상이 얼마나 씩씩하고, 내려 갈 때의 모습이 얼마나 쇠잔한가를 보라. 역사는 독수리가 대지를 박차고 여러 모양의 선을 그리면서 창공에 올라갔다가 다시 미끄러져 내려오는 비상에 비할 수 있을 것이다. 한족은 한족대로 날았고, 인도는 인도대로 날았고, 그리스는 그리스대로 날았고, 로마는 로마대로 날았고, 근세유럽은 근세유럽대로 날았고……. 그런데 저들은 한가지로 저들 자신의 선을 창공에, 그리고 다시 지면에 내려오고 만 것이다. 공중에 날아 올라가기만 하고 땅에 내려오지 않는 독수리, 창공을 치솟아 올라만 가고 미끄러져 떨어지지 않는 선이 없는 것처럼, 쇠하지 않는 민족, 미끄러져 떨어지지 않는 역사란 없을 것이다. 여기서 우리들은 깊이 역사의 유한성의 뜻을 읽어야 한다. 그러나 이 쇠하는 민족, 미끄러지는 하강이 도리어 일어나는 민족, 올라가는 상승에 연결됨으로 하여 역사는 자기상실에서 벗어나 그 꾸준하고 줄기찬 선을 지면과 창공 사이에 긋는 것임을 알아야 할 것이다. 역사는 결국 그 속에 있고 또 그것을 엮어 나아가는 자의 흥망, 성쇠, 전변轉變의 역사인 것이다. 이 역사의 흥망성쇠는 역사 자신으로 보아 역사가 역사되기 위한 소이所以려니와 이것을 맡는 사람의 면에서 보면 그 일어남이 즐겁고 그 쓰러짐이 슬픈 것이다. 역사를 일으킨다고 해서 한 일이 도리어 역사를 꺼꾸러뜨리는 결과가 되고, 역사를 빼앗겼다고 생각되는 자가 그 속에서 용하게 일어나는 일이 있음을 본다. 일어나기도 여러 모양으로 일어나고, 쓰러지기도 여러 모양으로 쓰러지거니와 이 흥망의 원인을 밝히는 일이 필요한 것이다. 한 나라가 일어나고 쓰러지고, 한 문운文運이 융창하고 쇠잔해지는 데는 여러 가지 원인이 있을 것이다. 어떤 이들은 지도자의 탓이라고 하고, 어떤 이들은 정책의 탓이라고 하고, 어떤 이들은 생산관계 때문이라고 하고, 어떤 이들은 역사적 필연성 때문이라고 한다. 지도자가 빼어난 편이 나을 것이다. 제도가 앞선 편이 나을 것이다. 정책이 완벽한 편이 나을 것이다. 그리고 생산관계도 관계될 것이다. 역사적 필연성도 생각해서 좋을 것이다. 그러나 우리들은 이 문제를 좀더 역사의 사실로부터 조명해야 할 것이다. 헤겔은 역사를 천(직물)이라고 하면 이념과 정열이 그 날이요 씨가 된다고 했다. 그런데 우리들이 역사의 주체, 역사의 유한성을 올바로 생각한다고 하면 이 이른바 이념과 정열은 공중에 뜬 이념이나 정열이 아니고, 구체적으로는 그 역사를 담당한 민족의 이성과 정열이 될 것이다. 그것이 아무리 자기를 역사적 이성, 역사적 정열이라고 일컫는다고 해도 그 민족의 생리, 습성, 품격을 통한, 또 거기에서 우러난 이성이요 정열인 것이니 이렇게 생각할 때, 역사의 현실적인 바탕은 다름 아닌 그 민족의 성격이 될 것이다. 그 민족의 성격이 그것으로써 그 민족의 역사가 짜 나아가는 자료다. 영국의 역사는 다름 아닌 영국사람들의 민족성으로 짠 천이고, 한국의 역사는 마찬가지로 한국사람들의 민족성으로 짠 천이 될 것이다. 역사의 품위는 그것을 짜는 민족의 성격의 품위에 의하여 결정된다. 썩은 실을 가지고 끊이지 않는 베를 짤 수 없는 것이고, 굵은 무명바람을 가지고 명주나 양단을 짤 수 없는 것이다. 민족의 성격이 그 민족의 흥륭과 전망을 이끌어 오는 최후의 원인이다. 이 민족성이 이를테면 집을 지을 때의 흙이나 시멘트가 되는 것이니, 썩은 흙, 부스러지는 시멘트를 가지고 벽을 바를 수 없는 것마냥, 썩고 무너나고 너덜너덜하게 해어진 민족성 가지고 굳건하고 빼어난 역사를 엮을 수는 없는 것이다. 역사의 건전은 자세히는 민족성의 건전이고, 역사의 병은 종당 민족성의 병임을 알아야 할 것이다. 민족성이 건전하고서야 지도자도 지도자일 수 있고, 제도도 제도 구실을 하고, 정책도 정책임을 얻는다. 생산관계나 역사적 필연성조차도 이 민족성에 의하여 늦추어지고, 빨라지는 기관이요 동력임을 알아야 할 것이다.

주 왕조는 한족^{漢族}의 역사를 통하여 가장 융창한 왕조였다. 문왕^{文王}과 무왕^{武王}, 그리고 주공^{周公}의 빼어난 선정이 그들의 정치와 예교를 일으킨 원인이 되었으려니와 주대 사람들의 질박하고 경건한 기상이 저들의 흥륭을 가져온 원동력이 되는 것이다. 시경^{詩經}, 대아편^{大雅篇}에는 '天生蒸民 有物有則, 民之秉彝 好是懿德'이라고 하여 그들 본래의 성정이 맑고 씩씩함을 보였다. 같은 시경에는 도처에서 그들의 믿음직한 풍습을 노래 불렀다. 그런데 주실^{周室}이 쓰러질 때는 역시 사치, 난일^{亂逸}의 풍이 상하에 편만했는데 주실이 쓰러지면서 이 같은 허탈한 기풍이 생긴 것이 아니고, 이 허탈한 기풍이 생겨가지고 이것이 주실을 꺼꾸러뜨린 것이었다.

고구려 역시 한족^{韓族}을 대표하는 가장 강건한 민족이었다. 고구려는 부여보다 조금 뒤져 서기전 일 세기에 오부족^{五部族}의 연맹체로서 왕국을 창건했다. 고구려의 발상지는 압록강유역 중에서 가장 넓고 취락에 적당하나, 대산심곡의 땅으로 원택^{原澤}이 없고, 산악지대가 되어 그들은 처음부터 근로, 분투, 절약 속에서 자라났다. 더욱이 그 주위는 강적으로 둘려 있어 이들과의 전쟁 속에서 자기를 세웠으므로 자연 무를 숭상하고, 용기와 명예를 찬양하고, 불굴불요의 정신을 닦게 되었던 것이다. 이 강건한 정신과 풍습이 나중에 고구려를 동방에 있어서의 최강의 국가로 만들었던 것이다. 고구려가 넘어갈 때도 마찬가지였다. 고구려 말기의 귀족들의 사치한 생활 그리고 정권다툼이 백성들의 기풍에까지 영향을 미쳐 이 좀먹는 기풍 때문에 막강을 자랑하던 고구려 왕조도 마침내 넘어가고 만 것이었다.

로마의 경우와 근세유럽의 경우도 마찬가지다. 로마가 처음에 티벨하반의 조그만 언덕에서 일어나 반도를 통일하고 마침내 지중해를 중심으로 만천하를 호령하던 그 웅도雄圖를 상기하라. 일어나던 때의 로마는 일어나는 모든 자의 상징이었던 것이다. 질박하고, 강건하고, 서로 돕고, 규율과 질서를 존중하고, 단결과 헌신에 강하고……. 그런데 로마가 쓰러질 때에는 이 같은 강건한 성정과 기상이 그들에게서 떠나버린 것이었다. 사치, 허영, 뇌물, 환락, 관능적 쾌락, 음란, 정신착란, 전후파戰後派……. 이 모든 악의 요소들이 로마에 몰려들어 여기에서 썩고 뒤섞이어 마침내 저 웅강하던 로마를 쓰러뜨리고 만 것이었다. 근세유럽이 중세를 박차고 일어날 때도 게르만족의 웅건함이 이것을 이끌었던 것이다. 유럽의 어린 민족들이 로마교회와 봉건제도에 항거하여 자기들의 민족, 국가, 문화, 신앙을 건설하던 영용한 모습은 이루 열거할 바 못 되거니와 문예부흥, 종교개혁, 국교회와 민족국가, 자연과학의 발달, 미국독립, 프랑스혁명, 근대산업주의문명의 축조는 저들의 위업을 보이는 역사의 산맥이 될 것이다. 이 사이에, 저들 사이에는 많은 전쟁, 혁명, 발견·발명이 있었던 것이다. 그리스 로마사와 구별되는 근세유럽사는 이것을 세운 족류의 강인한 성정과 진취, 개방의 기상이 이것을 이끌어온 것이 될 것이다. 대륙 중에서 가장 비좁은 유럽이 그 땅의 이점 때문이 아니고, 사람의 이점 때문에 이제 다른 대륙들을 자기들의 향도 아래 두고 있음을 보라. 이것은 단순히 하늘의 시時 때문도 아니고, 땅의 이利 때문도 아니고, 지地의 이利 때문도 아니고 사람의 무실務實과 용명勇明 때문일 것이다. 그런데 이번에도 저들 사이에 주실^{周室}의 말기, 고구려의 말기, 로마의 말기에서 볼 수 있는 기울어지고 저무는 현상이 나타나고 있다. 역사의 내용으로 보아, 14·5세기에서 17세기를 거쳐 영용한 18세기에 이르는 것은 저들의 세기요 저들의 시대려니와 19세기 후반에서 오늘에 이르는 기간은 이미 저들에게서 떠나기 시작하는 기간으로서 어제 오늘에 보는 저들의 기상과 풍습이 이것을 이끌어 오는 것이라고 할 수 있는 것이다.

　서양사는 대체로 그리스사, 로마사, 유럽사로 전개되고, 동양사는 그 속에 중국사와 인도사와 한국사와 일본사가 서로 구별된다. 서양사의 개전^{開展}은 이를테면 하나인 선으로 흘러내린 데 반하여 동양사의 경우는 셋 또는 넷의 원환을 그린다. 그런데 이 세 굽이로 흐른 선, 셋 또는 넷으로 그려진 원환은 각각 그 속에 세 시기를 가져 제1기, 제2기, 제3기 또는 아침, 낮, 저녁으로 전개된다. 이를테면 그리스사의 제1기, 제2기, 제3기 또는 중국사의 제1기, 제2기, 제3기……. 그런데 이 같은 역사개전에 있어서 언제나 하나인 생리 또는 논리가 이것을 이끈다. 제1기가 씩씩하고, 제2기가 화려하고, 제3기가 시들고. 서양의 경우의 그리스사, 로마사도 이 생리를 경과했고, 동양의 경우의 중국사, 인도사, 일본사도 이 생리를 경과했다. 일어나고, 내어뻗고, 넘어가고 하는 것을 헤겔은 세계사의 심판이라고 불렀다. 일어난 자는 내어뻗어야 하고, 내어뻗고 나서는 넘어갈 수밖에 없는 것이다. 이 중에서 제1기가 새로운 역사의 산생기일 것이다. 이 새로운 역사의 산생은 낡은 역사의 종말 속으로부터 이것을 밀어젖히면서 올라온다. 언제나 역사의 진발^{進發}이 우렁차고 그 종말이 어둡고 쓰러지는 것이 이 때문이다. 그런데 이 새로운 역사의 진발을 가져오는 것은 역사가 벌어지는 땅 때문이나, 역사가 맡기는 짐 때문이 아니고, 새로운 역사를 담당하는 사람 때문이다. 새로운 사람이 새로운 역사를 가져온다. 새로운 역사가 새로운 사람을 가져오는 것이 아니다. 로마가 일어나면서 로마사람들의 성정이 꿋꿋해진 것이 아니고, 로마사람들의 강건한 기상이 티벨하반의 조그만 언덕으로부터 천하를 호령하는 대로마를 일으킨 것이었다. 넘어갈 때도 마찬가지다. 로마가 넘어가면서 로마사람들이 썩은 것이 아니고, 로마사람들의 생활과 성정이 썩기 시작하면서 이 때문에 로마가 쓰러진 것이었다. 주 왕조의 경우도 마찬가지였다. 아테네의 경우도 마찬가지였다. 고구려의 경우도 마찬가지였다. 신라의 경우, 고려조의 경우도 마찬가지였다. 그러므로 피압박민족의 경우에는 민족의 광복도 시급하거니와 민족성의 광복이 한층 더 긴중함을 알아야 할 것이다. 민족성의 광복이 따르지 않는 민족의 광복은 첩경 잘못하면 이포역포以暴易暴로써 구김살 가고 이지러진 민족성을 가지고 새로운 역사를 건조한다고 하면서 도리어 이것을 욕되게 하여 자기와 남을 전망의 구렁으로 이끌기 때문이다.

4. 민족성은 가소적

민족은 역사 속에서 부단한 변천을 경과한다. 역사 속에서 형성되고 재형성되고 하는 것이 이를테면 민족의 운명일 것이다. 민족은 역사로부터 그 산생産生의 계보를 받아 가졌고 또 그 속에서 자기를 세우면서 아울러 자기를 허는 자라고 할 수 있을 것이다. 그런데 민족은 역사 속에 있으면서도 또 그 속에 있음으로 해서 그 자신의 구조를 갖는다. 민족의 구조는 앞에서 본 대로 자연적인 기반과 그 위에 세워지는 상부건축에 갈린다. 민족의 밑바닥을 이루는 자연적인 기반이 인종과 풍토일 것이고, 그 상부건축이 정치와 언어와 종교와 교육일 것이다. 그런데 민족성의 이 자연적인 기반은 그 위에 작용하는 정신적 요소와 마찬가지로 처음부터 주어지는, 그리고 도저히 바꿀 수 없는 자료가 되는 것은 아니다. 우리들은 어느 한도 안에서는 우리들의 생각과 결정된 행위에 의하여 이것을 바꿀 수 있는 것이다. 한 민족은 생각과 정책에 의하여 그 자신의 인종적 요소의 혼합이나 국토의 개척 및 새로운 자원의 발견을 도모할 수 있는 것이다. 정신적 요소인 상부구조에 이르러서는 한층 더 인간의 의욕과 결단 아래 놓인다고 할 수 있다. "민족성의 상부 구조는 그 국가공동체의 모든 성원의 마음을 연결시키는 정신기관이 될 것이다. 이 정신기관은 명주실보다도 더 가늘고, 강철보다도 더 굳은 끈과 연쇄로 사람들을 연결시키고 있다. 이 줄은 사람들의 마음에서 마음에 번져나가는 눈에 뵈지 않는 정신주의 거미줄이 되는 것이다."4) 정치와 언어와 종교와 교육, 이 네 가지 정신적 요소는 민족에 의하여 만들어진 것이면서 민족을 만드는 자인 것이다. 인간이 이 같은 위대하고도 숭고한 것들을 만들면서 이 위대하고 숭고한 것들이 그 자신 인간을 만든다. 우리들은 우리들이 만든 것에 의해서 만들어진다. 우리들이 우리들의 착상을 현실세계 속에 투입했을 때, 그것들이 일정한 형상과 형태를 갖게 되는데 그것이 우리들에게 다시 작용을 미침으로 하여 그쪽으로부터 우리들을 형성하기에 이른다. 한 민족이 어떤 법 체제를 만들었다고 하면 이 법 체제가 작용하여 그 민족의 성격을 빚게 된다. 우리들은 우리들이 모르는 가운데 많은 일을 하는 것이고 이 일들은 우리들의 의도를 넘어서서 훨씬 먼 데까지 그 영향을 끼친다.

　민족의 성격은 그 형성의 면에 있어서 개인의 경우와 평행하는 경과를 갖는다. 사람들은 그의 성격형성에 있어서 맨 처음에 그에게 주어진 자연적인 자료에서 출발한다. 이 요소는 종족에서 물려받은 유전적 요소로서 많은 자연적 성향이 그 속에 담겨 있다. 우리들은 이 원자료를 혹은 사회적인 훈련에 따라가고 혹은 도덕적인 선택을 반복하면서 어떤 일정하게 자리잡힌 형상에 놓인다. 이 자리잡힌 형상이 성격으로서 자연적인 소재 위에 쌓아올린 획득된 경향의 총체가 되는 것이다. 이 일이 성취되면 우리들은 자아의 통일과 행동의 일관성을 달성한 것이 되는 것이다. 즉, 우리들은 시종일관하고 언제나 떳떳한 행위 속에서 자기를 현시하는 자기 자신의 '심대'를 세운 것이 되는 것이다. 민족성 형성의 경우에도 마찬가지로 민족의 자연적인 원료에서

---

4) E. Barker, National Character. pp.3~4.

출발한다. 민족성 형성의 경우에도 마찬가지로 원자료를 민족의 성격이라고 부르는 통일되고도 항구적인 형상에 높인다. 결국, 민족은 마치 개인이 그 심성과 의지의 작용에 의해서 성격을 만들 듯이 민족을 이룬 성원들의 심성과 의지에 의해서 이것을 만드는 것이다.

우리들은 인성 속에 있는 주요소로서 자연(nature)에 대하여 관습(nurture)을 구별한다. 하나는 주어진 생득적인 기반이고, 하나는 만들어지는 후천적 상부구조다. 인성의 이 두 요소 중에서 자연은 타고나는 그리고 불가피한 것이고, 관습은 만들어지는 것이면서 수정될 수 있는 것이다. 인간생활 위에 미치는 그 영향에서 볼 때, 자연은 세포를 통하여 신체 속에 생물학적으로 유전되고 관습은 교육 또는 교양이라고 부르는 과정에 의해서 사람의 마음으로부터 마음에 사회적으로 전달된다. 자연은 어느 의미에서 기계성의 세계, 관습은 어느 의미에서 형성성의 세계일 것이다. 물이 낮은 데로 흐르고 돌이 아래로 떨어지거니와 이것은 물이나 돌의 자연이요, 그 관습이 아닐 것이다. 자연계에는 이를테면 그 하나하나의 움직임이 연달아 있는 쇠고랑마냥 빈틈이 없는 것이니, 여기에는 오직 인과율이 있을 뿐이요 자유가 있을 수 없는 것이다. 그런데 인간의 심성이나 행위에 이르러서는 그것이 언제나 그렇게 밖에 더 될 수 없게 결정되어 마친 것이 아니다. 사람의 생각이나 느낌이나 그 자세나 행동은 같은 상황 아래서도 이렇게 될 수도 있고 저렇게 될 수도 있는 다방향성을 가진 것이라고 할 수 있다. 개인이나 민족이 그 자신의 경향성에서 벗어나 사회적 훈련이나 도덕적 결단에 의하여 전연 새로운 성격을 축조할 수 있는 것이 이 때문이다. 우리에게 주어지는 관습의 세계, 여기에는 한없이 깊은 뜻이 깃든다. 만일 우리에게 일방향적인 자연의 성향만이 있어 마치 바람이 불고 비가 내리듯이 일정한 조건 아래서 일정한 생각이나 행위만이 결과로 나타날 수밖에 없다고 하면 우리들은 개인이나 민족의 선불선^{善不善}, 의불의^{義不義}를 물을 수 없고 따라서 법, 도덕, 교육, 제도 등이 전연 그 뜻을 잃어버리고 말 것이다. 인성 속에 있는 두 요소 nature와 nurture 중에서 nature만을 끌고 나가면 인간은 형상 없는 질료에 마치게 되고, 이와 반대로 nurture만을 끌고 나가면 인간은 질료 없는 형상에 마치게 될 것이다. 현실적인 인간은 nature를 기반으로 하고, 그 위에 nurture가 세워져, 다시 nature와 nurture가 상호침윤相互浸潤 속에서 하나인 연관을 이룰 때, 이것을 우리들은 역사 속에서 형성되는 개인 또는 민족이라고 할 수 있을 것이다.

민족성의 형성은 그것을 구성하는 요소에 따라 물질적인 측면과 정신적인 측면에 갈리고 다시 전자가 인종과 국토의 측면, 후자가 정치와 언어와 종교와 교육의 측면에 갈린다. 민족성 형성의 제일차 요소는 인종과 국토다. 우리들은 민족을 인종으로서만 설명할 수는 없을 것이다. 민족은 그대로 인종이 아니다. 인종은 물리적인 피의 일임에 반하여 민족은 정신적인 전통의 일이기 때문이다. 그 위에 우리들은 오늘에 이른 민족들이 대개 여러 인종적 요소의 혼합으로 되어 있음을 안다. 여러 나라의 지역들은 수많은 족류들이 두고두고 여기를 휩쓸었고, 이렇게 하면서 자기들의 흔적을 현재의 주민 속에 남긴 것이다. 그런데 우리들은 민족형성에 영향을 끼치는 면에 있어서 인종적 요소의 혼합이 오랜 기간 동안 자연스럽게 행해질수록 좋고 갑자기 여러 요소가 뒤섞이거나 또 지나치게 이질적인 것이 한데 섞여서 좋은 것이 아님을 알 수 있다. 될 수 있는 일이면 각각 특징을 가진 각 요소들이 어떤 주도적인 요소를 중심으로 마치 아름다운 조각상처럼 아로새겨져야 할 것이다. 인종적 요소가 민족성을 형성하는 맥박이라고 하면 국토는 이것을 장엄케 하는 경관이 되는 것이다. 하늘 빛과 산과 물과 들과 바다와 거기에 차아嵯峨한 산맥과 아롱진 경개와 온화한 기후와 무르익는 백곡 등, 이 하나하나가 민족의 성격을 혹은 웅장하게, 혹 섬세하게 아로새겨 나가는 것이다. 그러나 이 천혜의 자연도 가꾸지 않고 내버려 두면 마침내 황폐한 풍경을 이루어 그것이 민족성 훼폐毀廢에 작용하는 것이니, 국토를 가꾸고 북돋음은 민족흥륭의 지반을 닦는 일이 됨을 알아야 할 것이다. 민족성 형성의 제이차 요소는 정치와 언어와 종교와 교육이다. 정치는 법이요, 제도거니와 죽은 의문은 그대로 정치가 될 수 없는 것이다. 정치는 산 사람의 일이고 혹은 자기 혼자 임했거나, 혹은 민중으로부터 수임되었거나 간에 나라의 살림을 올바로 이끌어 나가는 것이 정치인 것이니, 그 사람의, 심성이 겸허하고 경륜이 높기 전에 잔재주와 완강한 고집으로 정치가 이루어질 수 없는 것이다. 빼어난 법과 제도가 이것을 바로재서 올바른 지도자를 만날 때, 백성이 한가지로 새로운 풍상 속에 거듭남을 얻는 것이니, 정치의 요체인 식食, 병兵, 신信이 비로소 그 본래의 정신을 발휘하기에 이를 것이다. 민족성의 형성에 있어서 크게 작용하는 것이 언어다. 언어가 다름 아닌 민족정신의 표현으로서 이것이 그대로 문화의 정화 또 그 매개가 된다. 민족의 흥망과 직접 관계있는 것이 언어로서 올바른 언어를 쓸 때 민족이 올라오고, 언어가 흐리고 어지러워질 때 민족이 쓰러지는 것이다. 맑고 고상한 언어가 민족의 품위를 높이고, 그렇지 못한 언어는 그것을 떨어뜨려 마침내 전망轉亡으로 이끈다. 종교와 교육이 민족성에 작용하는 것은 널리 알려진 일이다. 종교는 민족성을 밝히는 제단이고, 교육은 민족성을 고치는 기관이 되는 것이다. 종교라고 해서 의식에 흐른 종제주의宗制主義를 받아들일 바 아니거니와 경건, 겸허한 종교적 신앙이야말로 사람들의 더럽혀진 습성을 깨끗이 씻어 올리는 성스러운 손길이 되는 것이다. 교육이 지금은 대체로 한 특수지대가 되어 주로 지식과 기술의 전달에 몰두하고 있다. 그러나 교육 본래의 사명은 인간성의 올바른 형성으로서 인간의 지성과 심정과 제작을 높이고 이렇게 하여 역사를 전회시키는 데 있다. 스파르타가 그대로 병영이 된다는 말이 있거니와 한 나라가 그대로 학사學舍가 되어 안으로 백성의 덕성을 북돋우고 밖으로 전망轉亡에 흐르는 그릇된 풍조를 봉쇄한다고 하면 민족의 흥륭, 역사의 융창은 이것을 눈앞에 기약할 수 있을 것이다.

민족의 성격이 고정된 것이 아니고 어디까지나 가변적, 가소적可塑的인 것은 깊은 뜻을 가진다. 우리들은 산허리에 소나무나 참나무가 꽉 들어선 것을 보는 일이 있다. 이 울창한 수풀은 자연의 한 부분으로서 자연 속에서 그 모양이나 형상이나 나무 한 그루 한 그루의 성질이 다소 바뀔 수 있는 것이다. 그러나 이 수풀의 변이변천變移變遷은 그것이 여러 가지 조건 아래 제약된, 이를테면 자연적인 변이일 뿐 수풀 자신의 의사에 의한 자기형성이 못 된다. 민족의 성격의 경우는 그렇지 않아 자연적 요소로 볼 수 있는 인종이나 국토의 영향을 배제할 수는 없으나, 제일차요소인 인종과 국토, 제이차요소인 정치와 언어와 종교와 교육을 통하여 민족 자신의 착상, 계획, 노력에 의하여 자기 스스로의 성격을 바꿀 수 있다. 만일 민족의 성격이 고정불변적인 것이라고 하면, 이 끝내 바꿀 수 없는 판에 박힌 성격 가지고는 기계의 톱니바퀴는 될 수 있을지언정 역사의 주체는 되기 어려울 것이다. 역사의 주체는 다름 아닌 책임의 주체거니와 이 책임의 주체가 되기 위해서는 민족은 자기 스스로 만드는 자유와 힘이 주어져야 할 것이다. 민족의 성격이 가소적인 것은 민족이 자기의 성격을 이리저리 풀어헤치기 위함이 아니고, 도리어 그 약함을 강함에, 그 어두움을 밝음에, 그 완명함을 어짊에 높이기 위함이니, 달리려는 자가 몸자세를 고치듯이 역사의 주체가 되기 위해서는 먼저 이것을 담당할 수 있는 자격을 갖추어야 할 것이다. 민족의 정치와 산업과 교육 및 문화는 단순히 목전에 놓인 이해만을 교계較計하는 데 민첩하지 말고 그 하나하나가 민족의 성정과 습속과 품격을 견정하게 하는 방향으로 이끌어야 할 것이다. 민족성의 형성이 국가적 활동의 최고과제가 되어야 한다. 서양의 경우에 정치가 지배하였음에 반하여, 동양의 경우의 정치가 교敎에서 시작하여 교에 마치는 데 깊은 뜻이 있다고 할 것이다. 역사를 일으키고 국가를 끌고 나가는 데 제도나 물건이나 지식과 기술이 중요하지 않은 바가 아니거니와 민족의 성격이 이것을 짜 나아가는 '날'이요 '씨'임을 생각할 때, 민족의 굳건한 기상을 일으킴이 첩경이 됨을 알아야 할 것이다.

2. 민족성과 인종

2. 민족성과 인종

1. 인종과 민족

──────────────────────────── 사람들은 인종(race)이라는 말을 여러 모양으로 사용한다. 어떤 이들은 latin족을 가리킬 때 이 말을 사용하고, 다른 경우에는 celt족, slav족, teuton족이라고 할 때 이 말이 사용된다. 좀더 넓게는 aryan족, indo-european족이라고 할 때도 사용되는데 여기로부터 latin족, celt족, slav족, teuton족이 갈려나간 것이라고 한다. 다시 다른 이들은 훨씬 더 범위를 좁혀 britain race라고까지 하는데 이것은 teuton계 또는 aryan계에서 갈린 한 유파를 일컬은 것이 된다. 평론가나 학자들은 서구인종(nordic race)이란 말은 많이 퍼뜨리고 있다. 그리고 시온주의자 사이에는 유태사람들에게 본래의 의미의 인종(race)이란 말이 적용될 것인가에 대해서 오랫동안 논의가 계속되고 있다. 많은 사람들은 인종, 종족, 민족이란 말을 서로 뒤섞어서 쓰고 있는 것이다. 그런데 인종이란 말과 혼동되기 쉽고 또 그 주연^{周延}이 비슷한 개념들을 구별하는 일은 현재의 논의를 위해서 필요한 일이 될 것이다.

우리들은 다음의 네 가지 개념을 구별할 수 있을 것이다.[5] 1) 생물학적, 2) 언어학적, 3) 문화적, 4) 역사적 또는 정치적……첫째 것은 인류학자에 관계되고, 둘째 것은 언어학자에 관계되고, 셋째 것은 고고학자에 관계되고, 넷째 것은 사학자 또는 정치학자에 관계된다. 인류학은 동물학의 한 분야로서 동물학은 식물학과 함께 생물학의 한 분야가 된다. 인류학자들은 마치 동물학자나 식물학자들이 동물 또는 식물을 다루듯이 그 형태에 의해서 사람의 종파를 분류한다. 신체의 빛깔과 형상과 크기와 등, 그리고 언어나 문화나 그 밖에 다른 정신적인 속성은 전연 문제 삼지 않는다. 이 같은 방법에 의해서 분류된 분파나 종이 인종(race)이라고 불린다. 따라서 인종이란 말은 자연과학의 용어고 사회과학의 용어는 될 수 없는 것이다. 나머지 세 개념, 언어적인 것과 문화적인 것과 역사적 또는 정치적인 것은 모두 정신적인 영야(領野)에 속한다. 인류학자가 단순히 사람의, 이를테면 두골의 형상에 결정을 갖는 데 반해서 언어학자나 고고학자나 역사학자들은 그 느끼고 생각하고 행동하고 하는 사회적인 생활현상에 결정을 갖는다. 언어학자들은 latin어에서 나온 언어들을 사용하는 종파들을 한데 묶어서 이것을 romane어족이라고 부른다. 같은 방법에 의해서 그들은 celt어계이니 teuton어계이니 slav어계니 하는 어계들을 구별하고 다시 그것들을 묶어 aryan어계 또는 indo-european어계라고 부르는, 보다 큰 어계를 구별한다. 어계(language group)는 그것이 그대로 인종이 될 수는 없다. 인종은 인종으로서 언어가 그 표지가 되는 것이 아니다. 같은 한 언어가 인종이 다른 여러 종파에게 사용될 수 있고, 같지 않은 한 인종이건만 서로 같지 않은 언어를 사용하는 경우가 많은 것이다. 같은 언어를 사용하는 사람들이 공통된 종족에서 나온 것같이 보이는 때가 있는 것이다. 그러나 정복한 민족이 흔히 이민족에게 그 자신의 언어를 사용케 하기 때문에 공통된 언어가 수많은 인종적 차이를 덮는 외의(外衣)가 되

---

5) E. Barker, Ibid., pp.19~20.

는 것이다.

　문화는 물질적인 경우고 정신적인 경우고 간에 인종이나 언어와 반드시 일치되는 것이 아니다. 문화는 한 지역에 발생할 수도 있고 또 인종과 언어를 달리하는 집단에 의하여 형성될 수 있는 것이다. 문화의 발생이나 유포를 한 종족의 분포와 관련시키든가 한 나라의 새로운 문화를 새 종족의 정복이나 이주로만 설명하는 것은 이치에 맞지 않다. 문화는 언어와 마찬가지로 정신적인 직조織造다. 그리고 어느 것이나 각각 다른 것과의 친연성親緣性을 가질 수 있는 것이다. 그렇다고 해서 이 친연성이 인종이라고 부르는 물리적 조건과 어떤 관련이 있는 것은 아니다. 역사시대에 들어와서도 우리들은 이 같은 문화집단의 형성을 찾아볼 수가 있는데 문화집단은 인종이나 언어의 한계를 넘어서서 발생 또는 전파되었던 것이다. 우리들은 그리스, 로마, 유태가 모두 문화에 마친 것을 알거니와 이 문화는 인간의 심정이라고 부르는 원야原野 속에 가꾸어지는 수림樹林 같은 것이었다. 로마는 처음에 제국으로 시작하여 그 뒤 문화에 마쳤다. 서방의 하나인 가톨릭사회가 중세기를 통하여 꾸준히 지속되어 온 것은 서방 기독교에 향도된 하나의 문화집단으로서였던 것이다. 유태에 대해서도 같은 말을 할 수 있을 것이다. 유태교는 언어도 아니고 인종도 아니다. 유태교에 속하는 사람들은 지역과 언어와 인종적 요소에 관계없이 하나인 특유한 문화집단인 것이다. 넷째 번 개념이 다름 아닌 민족으로서 민족은 앞에서 보아온 대로 인종과 구별된다. 그런데 일반의 생각에 의하면 이 두 개념은 언제나 한데 따라다니고 또 서로 혼동된다. 그 이유의 하나는 자연적인 혈연의 유대가 없이 단결된 사회집단이 있기 어렵다고 생각되기 때문이다. 민족은 그대로 인종이 아니고 여러 인종적 요소가 한데 섞인 혼합이다. 민족은 대체로 동일한 언어를 사용하거니와 몇 가지를 사용하는 경우도 있다. 민족은 그 자신의 문화를 가지고 또 국가인 경우는 그 자신의 국토 속에서 살아간다. 그리고 민족은 그 자신의 정치기구를 갖는다. 인종은 물리적인 분류거니와 민족은 정신적인 사실이다. 영국족(British race)이라는 말을 쓰는 이들이 더러 있거니와 이 '영' British는 인종을 수식하는 형용사가 아니고 국가를 수식하는 형용사인 것이다. 그리고 우리들은 영연방(British Commonwealth)이란 말을 듣는다. 이 연방(Commonwealth)은 어느 의미에서 민족과 문화집단의 중간에 오는 것이 될 것이다. 영연방의 운명도 그리스나 로마나 유태의 운명을 따라가 이것이 국가로서 일어나 문화로서 마칠지 모른다. 영연방은 정치적인 융일성을 유지하는 한 국가로서의 성격을 잃어버림이 없이 문화집단으로 성장되어 갈 수도 있을 것이다.

그런데 민족과 인종이 흔히 혼동됨으로 해서 민족적 감정과 인종적 감정도 서로 혼동되는 때가 많다. 인종적 감정은 교육이나 동화에 의해서 변화될 수 없는 깊은 자연적 유전적인 특성에서 오고, 이와 반대로 민족적 감정은 사회에 의해서 변개될 수 있는 역사적, 사회적인 차이에서 온다. 그러나 많은 사람들은 이 구별을 잘 모르고 언제나 민족에서 오는 차이를 인종에서 오는 차이로 생각한다. 인종주의의 작용력이란 대단한 것이어서 아무리 높은 교양을 쌓고 또 인종주의 교의敎義에 반대하는 사람이라고 해도 흔히 자기도 모르게 인종적 감정과 거기에 따르는 사고방식에 사로잡히는 때가 많다. 인종적인 교만, 냉담, 편견은 민족 대 민족 사이의 그것보다도 훨씬 더 심하고 견디기 어려운 것이다. 인종적 천시는 우월한 인종과 그렇지 못한 인종과의 사이에는 전연 공통점이라고는 없다고 보고, 서로 내려보는 편을 마치 마소나 징그러운 동물처럼 피하려고 한다. 차별대우는 먼저 백인종과 흑인종 사이에 시작되어 이것이 다시 황인종에 미치게 되고 그다음으로는 동서구의 주민들과 유태사람들에게 미치고 나중으로 백인종 사이의 백색의 도度에 따라 긴장을 가져오게 된다. 서양 중세에서는 종족주의와 정복이 깊이 뿌리박힌 적대감정과 편견을 가져왔다. 중세기의 무사들은 세습적이요 배타적인 특권계급을 형성했는데 이들의 품은 아래 계급에 대한 적대감정은 흔히 인종적 대립의 성격을 띠는 것이었다. 독일의 무사들은 Slav사람들을 거의 동물이나 다름없이 대했고 그들을 산에 있는 곰이나 사슴마냥 마구 쏘아 죽였다. 전체로 보아 봉건시대에는 사회신분(rank)이 인종보다 더 소중했다. 독일, 프랑스, 영국의 무사들은 십자군 속에서 만난 아랍 무사들을 자기들과 동등한 자로 생각했다. 그들은 같지 않은 피부색의 귀족들 사이의 혼혼混婚을 반대하지 않았는데 그들은 도리어 같은 인종이라고 해도 자기보다 낮은 사회신분에 있는 자와 결혼하는 것을 부끄러운 일로 생각했다. 유럽 전역을 통해서 귀족들은 자기들의 종과는 전연 다른 조선祖先에서 태어났다고 믿었다. 그러나 성서에서 가르치는 대로 온 인류가 같은 조상에서 나왔다는 생각, 기독교의 사해동포주의 교리는 사회신분의 차등을 없애었고 이렇게 하여 동포주의를 위한 지반을 닦았다. 영국이 이 점에서 다른 여러 나라들의 경우에 앞섰는데 영국이 일찍부터 통일된, 강력한 국민성을 형성한 것은 주로 전통적인 계급차가 대륙 여러 나라의 경우보다 적었다는 사실에 유래한다. 독일역사의 특징은 사회신분이나 계급 사이의 심한 대립으로서 이 대립이 종당 독일사람들의 민족적인 단결, 민족의 자의식의 일어남을 누른 무거운 돌이었다. 대부분의 사람들은 각 민족이 여러 모양의 인종적 요소로 이루어졌다는 사실과 그리고 그 구성이 오랜 시간적 경과를 거친다는 사실을 모르고 있다. 히틀러는 확실히 Charlemaigne대제와 같은 혈통에서 나온 것이 아닐 것이다. 그런데 두 사람이 한가지로 세계제패를 위하여 고심했다는 사실은 이른바 게르만족(German race)—그런 것이 본래 있지도 않거니와—의 고유한 성향의 발로로 설명해 마칠 수는 없는 것이다.

서양학자들 사이에는 인종주의를 주장하는 이들이 있어 인종을 문화형성의 주체라고 하여 문화의 차이를 인종의 선천적 소질에 환원시키는 이들이 있다. 그러나 이 같은 생각은 학문적으로는 유지하기 어렵다. 인종이란 어디까지나 생물학적 입장에서 말하는 것으로서 역사의 주체는 인종이 아니고 민족이다. 인종이 생물학적인 데 반하여 민족은 역사적이다. 민족은 자연 속에 있는 단순한 집단이 아니다. 민족은 문화적 통일체로서 역사적 운명을 공동으로 한 집단이다. 민족은 언어공동체로 생각되어 왔다. 민족은 언어, 습속,

종교 같은 것을 공통으로 한 문화공동체라고 할 수 있을 것이다. 민족은 문화형성의 공동주체면서 민족 자신이 문화적으로 형성된 공동체다. 민족은 한편 역사적 문화적 소산이다. 우리들이 역사와 문화를 이야기할 수 있는 것은 인종으로부터가 아니고 민족으로부터인 것이다. 민족이 그 속에 있는 환경이 풍토적 지리적 환경으로서 민족 자신, 이미 문화를 가진 사회적인 것이다. 민족은 단순한 혈통적 연속체 같은 것이 아니고, 자발적 행동에 의해서 문화적 유대를 갖고 조직된 사회적 집단이 아닐 수 없다. 그러므로 민족의 지리적 환경이 이미 역사적인 것이 된다. 그보다도 자연적 환경으로부터 문화적 환경에로의 역사적 전회점轉廻點에 민족의 성립이 온다고 할 수 있을 것이다. 인종주의를 내세우는 이들은 인종과 민족을 혼동하여 인종이 마치 문화형성의 주체인 양 생각하고 있다. 그러나 생물적 특징이 비슷하다고 해서 같은 문화를 갖고 있다고는 못할 것이고, 문화가 같다고 해서 인종이 하나라고는 생각할 수 없는 것이다. 일찍 인도, 페르시아, 유럽을 통해서 언어의 근원적 공동성이 있다는 사실로부터 아리안 인종이란 것이 있다고 생각했는데 이것은 어디까지나 아리안 어계가 있다고 하는 데 몿을 것이요, 아리안 인종이 있다고 할 것이 아닌 것이다. 라틴 인종이 있는 것이 아니라, 있는 것은 라틴 문화다. 프랑스 인종이 있는 것이 아니고 있기는 프랑스 국민이 있을 따름이다. 인종과 언어, 문화, 정치와의 사이에 일의적一義的인 결정관계를 생각하는 것은 도리어 사실의 구명을 방해하는 일이 되는 것이다.

2. The Nordic Myth

근대의 인류학자들은 유럽인들의 인종적 종파를, 그들의 과학적으로 조사한 여러 가지 자료에 의하여 대체로 다음의 세 가지에 나눈다. The Nordic, The Alpine 그리고 The Mediteranian. 그런데 이 중에서 Nordic족은 주로 스칸디나비아와 네덜란드와 북독일과 영국과 벨기에의 서부와 프랑스의 북부에 발견되는데 머리가 길고 키가 크고 얼굴이 희다. Alpine족은 본래 중부유럽의 산간지대와 그 인접의 평원이 그들의 본거로서 중부프랑스, 스위스, 북이탈리아, 남독일과 Carpathian지역에 보이는데 머리가 둥글고 키가 작고 체구가 맺혔고 빛깔이 좀 거무스름하다. 영국의 인종적 혼합은 철저하게 Nordic족과 Mediteranian족의 혼합으로서 극히 가벼운 Alpine족의 요소를 갖고 있다. 이것은 마치 고대그리스 사람들과 같은 경우로서 영국이 만일 인종에 의해서 만들어진 것이라고 하면 영국의 현재는 이 두 종족의 혼성에 힘입은 바 크다고 할 것이다. 프랑스는 대체로 이 세 갈래 중요한 유럽의 종파가 거의 골고루 섞인 것이라고 할 수 있다. 독일에는 북부에는 Nordic족, 남부에는 Alpine족이고, 이탈리아는 북부가 Alpine족, 남부가 Mediteranian족이면서 북부 일부에 Nordic족이 엷게 물들여졌다. 독일이나 이탈리아와 마찬가지로 영국도 두 종족의 혼합이지마는 전자들과는 같지 않아 후자는 Alpine족의 요소를 거의 갖고 있지 않다. Alpine족은 본래 농경에 종사했고, Mediteranian족은 예술과 문학에 능하고, Nordic족은 모험과 항해를 좋아했다고 한다. 이 같은 세 종파의 서로 같지 않은 생활 또는 성향이 근세의 제민족의 인종적 혼합 속에 그 흔적을 남겼을 것이고, 그것이 각각 그 혼합의 양상과 도에 따라 그들의 민족성에 영향을 미쳤을 것은 쉬 볼 수 있는 이치인 것이다.

그런데 약 일세기 얼마 전에 프랑스의 저작가 Gobineau는 그의 논문 「Essay on the Inequality of Human Races」 속에서 저 유명한 Nordic Myth를 주장했다. 그는 이 Nordic Race가 지성에 있어서나 행동에 있어서나 다른 종파보다 훨씬 빼어난 것이라고 생각했다. 그는 이 종파를 본래 우월한 종파로, 세계의 주인으로 언제나 멋있고 정대하고 젊고 그리고 동시에 유목적이고 상무적이고 모험을 좋아하는 종파라고 서술했다. 이 설이 자연히 독일에 전하여 1870년 이후 굉장한 세력을 떨쳤는데 독일사람들은 자기 나라를 순수한 Nordic족의 나라로 생각했다. Wagner의 가극도 이 같은 인종적인 교만을 부채질했고 Nietzsche의 저작 속에 보인 '초인超人'도 이 같은 인종적인 의미에 있어서 해석되었다. Nordic Myth[6]는 오래지 않아 Pan-Germanism의 기반이 되었다. 그리고 이것은 인종뿐이 아니고 언어도 연결되면서 현세기에 독일이 치른 두 전쟁의 정신적인 기원을 설명하는 데도 사용되었다. 학자들 중에 이를테면 프랑스의 Lapouge 같은 이는 이 학설을 계급에까지 적용시켰다. 상류계급은 상류임으로 해서 Nordic족 출신일 것이고 도시도 그것이 시골보다 우월함으로 해서 적어도 그 도시의 지도층은 Nordic계일 것이라고 했다. 이렇게 하여 선택된 민족, 선택된 계급, 선택된 도시는 모두 Nordic계에 속하는 것이라고까지 생각되었다. 이 생각이 한 걸음 더 항진하여 심지어 사회주의자들의 말하는 계급투쟁도 실상은 Nordic족과 여타의 족들의 인종전쟁에 전환되어야 할 것이라고까지 했다. Nordic Race는 그들의 강건한 신체와, 바다를 좋아하는 기상과 함께 꾸준한 활동력과 강인한 탐험정신을 보여 주었다. 그리고 이 같은 특징이 Nordic족 계통을 설명하는 근거가 될 것이다. Nordic족은 사람들이 지금까지 일러오기를 Alpine족의 농민적이고 민주적인 성격에 반해서 세계 도처에서 그들은 군인이고, 항해자고, 모험자고, 탐험자고, 그 위에 무엇보다도 지배자요, 조성자요, 지도자가 된다고 한다. 어떤 이들은 Protestantism이 Nordic족 사이에 전파된 사실을 증거로 들어 Nordic 종파에 속하는 사람들이 특히 개인존중의 성향이 강하다고 하는 이들도 있다. 그리고 탐험활동과 식민활동은 그것이 개인이 갖고 있는 독립불기獨立不羈의 정신과 관련이 있는 것이 될 것이다. 또 다른 이들은 Nordic족은 Mediteranian족과 한가지로 예술적, 창작적인 능력의 소유자라고 주장하기도 한다. Alpine족도 남과의 많은 혼합을 경과했다. 그러나 Alpine족은 조용한 그리고 부지런한 족속으로서 그들

---

6) E. Barker, Ibid., pp.35~36.

은 많은 일을 하기는 하면서도 세계를 떠들썩하게 만들지는 않는다. Nordic 족과 Mediteranian족의 혼합이 서로 보충하는 면을 가진 두 역사적인, 진취적인 종파의 혼합이 되는 것이다. 그리스사람들의 경우에 섞인 인종적 요소가 그대로 영국사람들의 경우에도 섞였다. 따라서 영국사람들의 문명은 그것이 바로 그리스문명에서 보는 대로 Nordic계와 Mediteranian계의 혼합을 그 인종적 기반으로 하고 있다. 자기를 Anglo-Saxon이라고 부르는 영국은 고대 그리스의 경우와 마찬가지로 Nordro-Mediteranian이란 명칭으로 불릴 수 있을 것이다. 지상에는 지금 인종의 면에서 보아 많은 종파가 있고 또 이것들이 자꾸만 혼합, 재혼합되면서, 있던 종파에서 갈린 분파가 되기도 하고 혹은 새로운 자연환경에 의하여 다른 종파를 형성하기도 한다. 오늘의 역사와 문명의 성취는 이같이 많은 인종적요소의 혼성이 이것을 이끌어 오고 또 인종적 요소 이외의 풍토적 요소, 문화적 요소가 많이 작용하여 지금에 보는 인류의 현황을 세운 것이 되는 것이다. 한 민족의 인종적 요소가 Nordic계와 Mediteranian계의 혼합으로 구성되었다고 해서 또 그들의 정치나 문화가 빼어났다고 해서 이것을 반드시 Nordic계의 피 때문이라고 단정하기란 어려울 것이다. 인종에 대한 이야기는 첩경 과학보다는 신화, 사실보다는 꿈이 되기 쉽거니와 우리들은 Nordic족의 희멀끔한 외모, 또 그들의 모험성 때문에 이것을 유태인들의 선민사상, 유럽 사상에 이끌어 붙이는 일을 삼가야 할 것이다. 빛깔이나 체구가 문제가 아니고, 그 맡은바 사명에 보답하고 못함이 문제인 것이니, 불타(佛陀)나 공자나 예수를 말끔한 Nordic족 출신이라고 우길 수 없는 한, 이 백인의 우월감을 부채질하는 하나의 새로운 종족신앙인 Nordic Myth에 덮어놓고 따라갈 것이 아닐 것이다.

1848년 혁명 후 프랑스의 Gobineau는 예전 귀족주의 입장의 설을 끄집어 내어 이것을 근대화시켰는데 그에 의하면 민족의 고귀하고도 문화적으로 다산적인 요소는 aryan족 또는 teuton족과 동일한 것이라고 한다. Gobineau는 이 설에 전하여 근대 인종주의의 선구자가 되었고 그의 교의는 Wagner와의 교의에 의하여 독일에 전하여 거기서 많은 추종자를 얻었다. 프랑스에서는 도리어 그의 설이 떨치지 못했다. 프랑스사람들의 정신적인 전통에 평화정신과 인권이 지나치게 스며들어 인종주의의 번식할 소지素地를 내어주지 않았기 때문이다. 독일에서는 인종주의자로서의 Gobineau의 특권이 뒤에 나타난 Chamberlin에 의해서 무색해졌다. 그는 영국계로서 나중에 열광적인 범게르만주의자가 되어 영국을 싫어했다. 만년에 Chamberlin은 히틀러를 독일의 구세주라고 찬양했다. 히틀러의 인종주의는 결국 대중에게 전해진 Chamberlinism에 지나지 않는 것이었다. 히틀러는 그의 선구자들이었던 범게르만주의자들과 마찬가지로 인종주의를 반민주주의적, 공격주의적인 정책의 유력한 방편으로 사용했다. Nordic족 또는 게르만족은 열등한 인종들을 지배하고 이용하기 위해서 하늘에 의하여 뽑힌 정예부대인 것이다.

물론, 독일의 인종주의자라고 해도 오늘의 독일사람들이 순수한 Nordic족의 피를 보존한 것이라고까지는 주장하지 못한다. 모든 민족들은 여러 인종의 혼합임이 과학에 의해서 밝혀졌다. 그러나 인종주의자들은 주장하기를 한 민족 속에 있는 Nordic계의 요소가 참으로 창조적 요소고 한 민족의 가치와 그것이 세계 속에서 차지해야 하는 지위는 그 속에 Nordic족의 피를 얼마나 받아 가졌나에 달린 것이라고 한다. 그러나 천재가 한 인종에만 국한된다고 하는 증거는 없다. 독일문명의 두 위대한 천재인 Goethe와 Beethoven은 분명히 Nordic 타입이 아니었다. 두 사람 다 모두 살빛이 매우 검푸레했고 그들 신체상의 특징은 Teuton족의 경우와는 거리가 먼 것으로 보였다. 러시아의 위대한 시인 Pushkin은 흑인의 증손자였고, Dostoyewski, Tolstoi 그리고 Goriki는 현저한 몽고족의 특징을 보였다. 프랑스의 Duma 등 저명한 작가는 흑백혼종의 피를 받은 대로 전형적인 프랑스사람의 모양을 하고 있었다. 민족의 성격을 인종적인 요소로서만 설명해서 안 된다고 하는 사실은 영국과 독일의 경우를 비교하는 데서도 입증될 수 있는 것이다. 이 두 국민은 인종적 요소의 면이 비록 전연 같다고는 못할망정 가장 밀접한 것이 될 것이다. 그러나 정치이상, 철학, 문학전통 그 밖에 언어의 정신에 있어서 이 두 나라의 발전은 심한 경정徑庭을 보이고 있기 때문이다.[7]

프랑스의 Gobineau의 「인종불평론」이 발표된 이래, 문화의 특성을 인종의 능력으로부터 설명하는 한편, 인종의 소질에 우열이 있다고 하여 백인문화를 구가하고 백인의 세계지배의 정당성을 주장하는 인종주의가 서구의 학자들 사이에 많이 보인다. 이 같은 생각은 학자들의 사상뿐만이 아니고 구미 사람들 사이에 지배력을 가진 일상적인 견해이기도 하다. 그런데 이 인종주의 사상이 한 나라의 국책으로서 구체화된 것이 한때 나치스 독일의 게르만 중심주의였던 것은 널리 알려진 일이다. 인종주의는 인종과 민족을 혼동하여 인종이 그대로 역사의 주체가 된다고 생각하는데 그 미망迷妄이 있다고 할 것이다. 인종주의에는 학문적 연구 이외에 정치적 결정이 거기에 연결되어 있다. 인종주의가 하나인 헛된 가정에 사로잡혀 결국 백인구가白人謳歌에 떨어지는 것이 이 때문일 것이다.

3. 인종의 혼성

민족은 그대로 인종이 아니고, 그 속에 많은 인종적 요소가 섞여 있다. 그런데 이 같은 혼합은 그 섞여지는 요소들이 지나치게 이질적인 것이 아닌 한, 어느 요소의 혼합에 있어서나 전연 보람 없는 것이 아닐 것이다. 여러 나라 사람들은 자기들의 피의 순수성을 자랑한다. 그러나 그들은 좀더 정당성을 가지고 자기들의 피의 혼합성을 자랑해야 할 것이다. 하기는 애당초에 섞이지 않는 편이 좋은 요소들도 있는 것이다. 이것들이 섞여지는 경우, 거기서 나온 자손들이 서로 성질들이 마구 뒤섞임으로 해서 도리어 균형을 잃

---

7) F. Hertz, Nationality in History and Politics. pp.62~63.

고 부조화에 떨어지기 때문이다.

동서와 흑백을 되는 대로 섞어 놓으면 도리어 화^禍가 된다. 유럽에서 이루어지는 여러 같지 않은 종파의 상호교배는 같은 근원에서 발한 여러 변종의 결합이므로 해서 전연 다른 이야기가 된다. 이 같은 결합에서 얻어지는 자녀들은 양쪽의 좋은 점을 많이 유전 받게 되어 변이의 범위가 훨씬 넓어진다. 이렇게 하여 이 새로운 결합은 유전되는 성질들을 물려받으면서 새로운 정신능력과 보다 다채로운 문명을 산생^{産生}하기에 이른다. 대체로, 단일종^{單一種}에서 나온 민족보다도 인종적 요소의 혼성을 거친 민족이 훨씬 더 발전하고 보다 높은 수준에 오른다. 그 반면에 혼성된 선조에서 나온 민족은 그렇지 않은 민족에게서 볼 수 없는 여러 모양의 문제와 분열에 직면하게 되는 것이다. 그런데 이 피의 흐름이란 완강한 것이라서 한 지역 안의 여러 종파들 사이에 부단한 혼합이 있다고 해도 순수무잡^{純粹無雜}한 흐름이 언제나 남아 있는 법이고 이 같은 상이한, 성질 사이의 반대가 종종 정치적인 논쟁의 형태를 띠는 때가 많다. 영국제도의 역사는 결국 인종적 요소 혼성의 역사다. 그러나 한편 혼성에 휩쓸리지 않는 종, 그것을 반대한 종의 역사이기도 하다. 이 나중 면이 특히 아일랜드의 경우에 드러난다. 아일랜드는 그들의 고유한 종족을 계속해 옴으로써 여러 세기를 통해서 Nordic족의 정착에 의한 영향은 별로 받지 않았다. 아일랜드문제는 여러 가지 요소의 측면으로부터 설명되어 왔다. 어떤 이들은 아일랜드의 종교적인 면을 강조하고 다른 이들은 경제의 면을 강조한다. 그러나 끊임없이 작용하고 있는 요소의 하나는 저들이 인종적으로 남과 섞이기를 싫어하는 요소일 것이다. 아일랜드사람들은 오래된 Mediteranian족에 속하는데 그들은 자기들보다 훨씬 늦어서 이 푸른 지대에 들어온 Nordic족과 섞이기를 원치 않았다. 하나가 한 지역에 오래전부터 들어왔고 하나가 지나치게 늦게 들어옴으로 해서 이 두 족의 융합은 좀처럼 이루어지지 못했다. 영 제도에 가장 먼저 들어온 것이 Anglos족과 Saxons족으로서 이들은 실상 한 종파였다는 설^說도 있는데, Baltic 해 연안에서 살다가 차츰 내려와 영 제도에 들어왔고, 나중 들어온 것이 Scandinavia족으로서 영국사람들의 인종적 요소의 배경을 이룬 것이 Anglo-Saxon족과 Scandinavia족의 두 갈래다. 그런데 이 두 족파 사이에는 그 기질에 있어서 현묘한 차이가 있어 하나는 심중하고 하나는 명랑하여 좋은 대조를 보인다. Anglo-Saxon족은 우울한 음조를 끌어 둔중한 성향을 보이고 이에 반하여 Scandinavian족 특히 Norman족은 본성이 경쾌하고 온화한 습성을 지녔다. 칼라일은 Norman형에 대한 열렬한 찬양자로서 이들이 아니었다면 Anglo족과 Saxon족만으로서는 그대로 생경生硬한 대로 남아 있어 다채로운 변화와 굉대한 형식을 거치지 못했을 것이라고 생각했다. 우리들은 물론 Norman족의 우미함과 쾌활함을 찬양한다. 그러나 우리들은 동시에 Saxon족의 심중함과 원심함도 존중해야 할 것이다. 이들 사이의 대조는 흔히 올빼미와 나이팅게일의 울음소리에서 찾아볼 수 있다고 한다. 하나는 진실하고 엄숙하여 노래하는 것보다는 차라리 울음 우는 것같이 들리고, 하나는 생명을 찬양하고 계절을 노래 불러 大地를 즐거움으로 채우고…….8) 이 같은 두 요소의 교체와 교향交響이 영국사의 본지本地를 이룬다. Elizabeth시대에는 나이팅게일의 즐거운 소리만 있었던 것이 아니고 Puritanism의 심중한 음조 역시 있어 이 음조가 Stuart 조 아래서는 얼마 동안 우세하기조차 했다. 영국사를 누벼가는 여러 가지 사건과 변이는 이 같은 두 기본음조의 부단한 재현, 개장改裝으로서 여기에 영국사의 다채로움과 또 이것을 이끌어 가는 줄기찬 맥략脈略이 있다고 할 것이다. 올빼미와 나이팅게일의 서로 대조되는 울음소리는 마치 햇빛과 구름의 숨바꼭질이 어느 하늘에서나 볼 수 있는 것과 마찬가지로 어느 민족의 경우에서나 들을 수 있는 것이다. 그리스의 경우에도 Apolo적인 요소와 Dyonis적인 요소, 한족의 경우에도 고구려적인 요소와 신라적인 요소가 이것을 보인다고 할 수 있다. 서로 거의 같은 요소가 거의 같은 소리를 내거나

---

8) R C. Dale, National life in early English Literature. p.195.

전연 같지 않은 여러 요소들이 마구 부조화음을 내는 것이 아니고, 하나가 밝고 하나가 어둡고 하나가 웅장하고 하나가 조용하고 하여 이 대조, 조화된 교향이 하늘에 아롱진 선을 그리면서 퍼져 나갈 때 여기에 민족의 유현함, 역사의 장중함이 있는 것이다. 그런데 민족의 인종적 요소는 그 민족발전의 주요한 계기가 되는 것으로서 이것을 어떤 일정한 형으로 형성하고 또 유지하는 일은 국가정책의 일부가 될 수 있는 것이다. 특히, 신생국가나 새로이 발전된 지역의 경우는 더욱 필요하여 호주, 남아프리카, 캐나다, 미국이 이 정책의 적용을 기다린다고 할 수 있다. 고대 그리스 식민지의 경우에는 이민이 마구 행해진 것이 아니고 어느 정도 규제되었는데, 어떤 곳에서는 여러 종파의 혼합이 장려되었고, 다른 곳에서는 혹은 Doria족 혹은 Ionia족만의 이주가 허락되었다. 호주나 미국은 이민을 받아들이는 데 있어서 자기들이 원하는 이민만을 받는 방향으로 움직이고 있다. 마치 Syracuse가 Doria족만을 받아들였던 것과 마찬가지로 미국은 이를테면 유럽의 Doria족이라고 부를 수 있는 요소만을 받아들이려는 경향을 보이고 있다. 신생국가가 아닌 나라로서 인종적 요소가 이미 정착된 나라들에 있어서는 이민 조정 문제가 일어나는 것은 아니지만 주민 조정 문제가 인종적 요소의 면에서가 아니고, 경제적인 면에서 필요한 경우가 생긴다. 이를테면, 도시생활의 상태가 국가 혼성의 요소들을 존속시키는 데 유해할 때는 국민보건에 대한 정책을 강화하여 생활상황을 개변시키는 데 의하여 필요한 제 요소의 존속을 보장하지 않으면 안 된다. 도시와 농촌의 인구를 조절시키는 각 분야에 종사하는 주민의 생활상태를 개선하여 생산과 직업에 따르는 여러 지역을 골고루 성장시키는 일은 직접 인종적 요소에 직결되는 일은 아니거니와 어느 의미에서 인종적 요소의 후천적인 형성에 작용을 미치는 일이 되어 민족의 기상과 습성에 크게 관계되는 일이 될 것이다.

우리들은 동서양을 통하여 여러 모양의 제국들이 일어났다가 쓰러지고 여러 갈래의 국가들이 내어 뻗다가 시든 원인을 캐어 알 길이 없는 것이다. 혹은 이것을 일으킨 자의 성격 때문이리라. 혹은 그 민중의 성향과 습성 때문이리라. 혹은 이것과 패를 겨루는 자의 강성 때문이리라. 혹은 이것을 에워싼 주위정세의 불리 때문이리라. 그 밖에도 허다한 원인이 있을 것이다. 그러나 로마의 경우에서 보면 그것을 구성한 인종적 요소의 중심이 흔들리고 교란된 것이 로마 쇠망의 최대의 원인일 것이다. 한 국가나 민족은 새로운 인종적 요소를 자기 속에 받아들임으로 해서 그 내용의 다양성을 기대할 수 있을 것이다. 그러나 이 색다른 요소가 끊임없이 분류처럼 흘러 들어와 이것을 융합하고 통일할 힘이 부족할 때에는 그 국가는 그 자신의 전통의 기반인 물줄기의 근간을 잃어버리기에 이른다. 그런데 그 자신의 전통을 잃어버린 국가는 오래지 않아 국가 자체를 잃어버리는 수밖에 없는 것이다.

지금 영국사람들의 경우에는 잉글랜드사람과 스코틀랜드사람과 웨일스사람의 구별이 얼마는 남아 있을 것이다. 그러나 지금 그리스사람들의 경우에는 아테네 사람과 스파르타 사람의 구별이 없을 것이다. 하나는 세 갈래의 혼성이 아직 한 줄기를 이루지 못했고, 하나는 그 혼성이 이미 혼성을 넘어선 한 줄기에 나아갔기 때문일 것이다. 우리 겨레의 경우에는 영국사람들의 경우가 아니고, 그리스사람들의 경우일 것이다. 본래 하나인 고조선족에서 갈린 몇 갈래가 오랫동안의 역사의 풍화작용을 거치면서 서서히 흘러내려 북행요소와 남행요소가 영롱하게 어리어 옛것이면서 새것이요, 새것이면서 옛것인 것을 짜 내려왔다. 인종적 요소의 혼성치고 우리 겨레의 경우처럼 자연스럽고 다채로운 혼성이란 없을 것이다. 우리 겨레의 이 빼어난 혼성, 회복이야말로 그 지리적 풍토적 환경의 빼어남과 함께 단일민족국가로서의 이상국가를 이루기 위한 역사현성歷史顯成의 전제가 된다고 할 것이다.

4. 인종적 요소의 비중

　민족의 현재를 올바로 분석하는 일은 그 장래를 건조하는 데 필요한 전제
가 된다. 그런데 우리들은 우리들의 현재를 우리들의 현재의 생활 속에 들어
와 있는 광범한 과거를 분석하는 데 의해서만 분석할 수 있다. 우리들의 현
재의 생활 속에 들어와 있는 과거란 아직 끝나지 않은 역사적 사건, 제도,
습속 그리고 언어를 위시한 민족의 문화일 것이다. 그러나 그것은 이것들에
앞서서 또 이것들을 생생하게 만드는, 혈관 속에 뛰고 있는 인종적 기원일
것이다. 인종적 기원의 역사야말로 가장 깊은 현대적 결정이 되는 것이다.
인종적 기원은 단순히 한 민족의 과거를 이야기하는 기원이 아니고, 도리어
그 현재의 상황을 이끌어 가는 맥박으로서 부단히 갱신되는 관계와 결합을
짜 나아가는 배 바쁜 부가 되는 것이다. 민족의 인종적 요소는 국가라고 부
르는 하나의 새로운 직물을 짜 나아가는 들고나는 부의 실오리가 된다. 이
인종적 요소, 그 민족의 피처럼 우리들 속에 생생하게 살아 있고 또 좋을 때
나 궂을 때나 언제나 말똥말똥 깨어 있는 요소란 없을 것이다. 인종적 요소
가 우리에게 작용하는 것은 우리들이 그것을 자료로 하고 낳아졌고 또 그것
이 우리들의 혈관 속에 살아있기 때문이다. 우리들의 민족으로서의 맥박, 호
흡, 결단, 기개는 모두 인종적인 요소의 기척으로서 이 푸른 선이 한바탕 자
기를 대지 위에 그려 놓은 것이 그 민족의 역사일 것이다. 우리들은 지금도
아테네 사람들의 맥박, 로마사람들의 맥박, 고구려사람들이나 신라사람들의
맥박을 각각 그들의 먼 후예인 오늘의 그리스사람들이나 이탈리아사람들이나
한국사람들의 혈관 속에서 엿들을 수 있을 것이다. 그런데 우리들 속에 뛰고
있는 고동은 이것이 우리들의 장내를 조형하는 망치소리가 되기도 한다. 우
리들이 거기서 좇아온 내력을 모르면 현재의 자기들을 알 길이 없을 것이다.
한편 우리들이 현재의 자기를 모르면 장래의 운명을 개척하기 어려울 것이
다. 과거와 현재와 장래, 이 셋은 적어도 인종적 요소의 율동에 관계된 한,

어느 의미에서 하나인 현재 속에 연달아 있다고 할 수 있다. 민족의 역사가 변하고 제도가 변하고 영고성쇠榮枯盛衰가 번갈아 든다고 해도 그 혈관 속에 흐르는 피만은 빛깔이 달라지고 혼합이 잦은 대로 연면한 한 줄기 줄을 그어 꾸준히 이 지상에 흘러 퍼지고 있는 것이다. 이 같은 인종적 요소의 중요성이 사변적인 저작가들에 의해서 과장되어 오기도 하였다. 그들에 의하면 이 인종적 요소야말로 역사를 이끄는 결정적인 요소로서 이것이 국제정치를 결정하고, 이것이 계급투쟁을 결정하고, 이것이 도시사회와 농촌사회의 관계를 결정한다고 한다. 그런데 인종적 요소는 그것이 한 민족의 운명이 되는 것은 아닐 것이다. 한편 한 국가의 인종적인 구성은 그 민족의 역사 또는 성격을 전적으로 결정하는 것도 아닐 것이다. 민족주의 계급주의가 민족지상, 계급지상을 고집하여 마침내 미망에 떨어지는 것처럼 인종주의 역시 인종적 요소의 우월성, 그 절대성을 내세우는 데 이르러 결국 인종신앙인 신화에 굴러 떨어진다. 우리들은 민족주의나 계급주의의 입장을 취하지 않으면서 역사에 있어서의 민족과 계급의 위치를 인정할 수 있는 것과 마찬가지로 인종주의의 신봉자가 되기를 거부하면서 인종적 요소가 역사에 미치는 영향을 정당히 평가할 수 있는 것이다. 인종적 요소는 어디까지나 민족이 그것으로부터 형성되는 원소재 또는 재료인 것이다. 그런데 이 형성이 주로 인간자신의 정신에 의한 형성, 의지와 결단에 의한 형성임을 기억해야 한다. 이 형성은 자세히는 물질적인 자료 위에 가해지는 정신에 의한 형상화가 되는 것이다. 이때 형상화되어야 하는 수동적인 재료보다도 이것을 형상화하는 능력적인 형상화 작용이 더 중요한 것임은 말할 여지가 없을 것이다. 그러나 직공織工이나 도제자陶製者는 자기들이 물건을 만드는 자료에 대해서 그 성질을 자세히 알지 않으면 안 된다. 성긴 뵈오리를 가지고 보드라운 명주를 짜기 어렵고, 거친 흙을 구워서 정교한 고려자기를 얻기 어렵거니와 그 짜는 실의 본성, 그 굽는 흙의 품질을 바로 연구하는 것은 직공이나 도제자의 기본공정이 될 것이다. 원소재와 그것을 써서 만들어진 물건과의 사이에는 같은 것이면서 같은 것이 아닌 거리가 있다. 이 거리는 그것을 만드는 사람의 정성과 솜씨에서 오는 것으로서 절반은 원소재의 성향, 절반은 이것을 다듬고 만드는 구조력에 의해서 만들어지는 것이라고 할 수 있다. 인종적 요소의 혼성이 한 민족으로 형상화되는 경우는 훨씬 더 복잡한 것이 되려니와 직공의 경우에는 어느 의미에서 자기 밖의 것을 아는 일인 데 반하여 민족의 경우에는 자기 안의 것을 아는 일인 데 한층 더 직접적이면서 앞의 것에서 보지 못하는 유현함이 있다고 한 것이다. 우리 속에서 뛰고 있는 인종적 요소는 우리들이 걸어 온, 멀고 먼 경관景觀이면서 아련한 안개 속에서 돌아보는 것같이 느껴진다. 그러면서도 그것이 내가 거기에서 파내어진 갱도이고 내가 거기에서 떨어진 광맥임으로 해서 나와 떨어진 것이 아니고 나 자신의 생리요 생태인 데 하나인 기류氣流가 연달아 있음을 알 수 있을 것이다.

그런데 인종적 요소는 단순한 수동적인 재료 또는 원소재를 넘어서는 뜻을 가진다. 수동적인 재료는 대리석이나 석고반죽에서 보는 대로 깎아지고 주물러지고 하는 가소성은 있으면서도 그 자신이 살아 있는 것은 못 된다. 인종적 요소, 우리 혈관 속에 흐르는 피는 어느 의미에서 살아 있는 것으로서 움직이고 튀어 오르고 맴돌고 얽히고설켜 돌아가고 하여 잠시도 쉬는 법이 없는 것이니, 여기에 단순한 소재를 넘어서는 작용의 면이 있음을 알 수 있을 것이다. 한 민족의 인종적인 성향은 단순한 재료가 아니고 도리어 취사선택하는 작용인으로 작용한다. 이 성향이 그것이 택하는 어떤 형태의 법 체제나 어떤 종류의 종교 신앙 같은 데서 한 민족의 정신적인 건축을 선정하는 요인이 되는 것이다. 많은 것들 중에서 하필이면 그 형태의 법 체제, 하필이면 그 종류의 종교 신앙을 선택하는 이유는 그것들이 그 민족의 인종적 성향에 가장 알맞기 때문일 것이다. 이렇게 생각한다고 하면 우리들은 인종적 요소가 국민생활의 물질적 기반으로서 그 민족의 양상에만 관계되는 것이 아니고, 자기 앞에 주어진 신앙이나 제도 속에서 이것을 취하고 저것을 버리는 선정능력으로서 그 민족의 활동에도 관계됨을 알 수 있을 것이다. 인종적 요소 이것은 한 민족의 역사에서 볼 때, 그 민족의 물질적 요소와 역사적 요소 중간에 오는 것이 될 것이다. 대리석이나 점토마냥 그대로 누워 있는 것이 아니고 살아 있는 맥박이요 호흡인 데 인종적 요소의 능동성이 있거니와 역사 그 자체가 아니고 원시적인 동굴이요 광맥인 데 아직 역사에 이르지 못한 전역사성前歷史性이 있다고 할 것이다. 마클레이 경은 Protestantism이 Teuton족의 피를 받은 나라들과 친연성이 있다고 했다. 그러나 역사는 어떠한 요소뿐으로 이것을 설명하기란 어려울 것이다. 유교가 북방에서 일어났고, 도교가 남방에서 성한 것은 민족 기상의 차이기도 할 것이다. 그러나 인도에서 일어난 불교가 한토漢土와 한토韓土에 전한 것은 민족의 혈계血系나 기질을 따른 것이 아니고 도리어 그것이 민족의 성격에 거꾸로 작용하기조차 한 것이니, Protestantism과 Teuton족의 성향을 일률적으로 연결시켜 저것이 이것 때문에 일어났다고만은 할 수 없을 것이다. 역사의 광장은 훨씬 더 복잡하고 유현한 광장이 될 것이다. 수많은 실오리가 한데 얽히고설킨 것처럼 역사를 짜 나가는 오리란 그 굵고 가늘고 밝고 어두움이 이루 형언하기 어려운 것이니, 역사의 한 시대 한 사건 속에는 진실로 무궁한 요소가 한데 얽힌 것이라고 할 수 있을 것이다. 유럽에서 일어난 종교개혁의 경로와 범위를 결정하는 데도 여러 가지 요인이 있었을 것이다. 그러나 영국에서의 종교개혁의 경과와 그 결과에 관해서 영국사람들의 인종적 성향이 한 요인이 되었으리라는 것과 또 북구北歐 여러 나라 네덜란드, 북독일, 스칸디나비아에 뿌리를 내린 종교적 신앙이 영국에도 전해졌으리라는 것은 쉽사리 알 수 있는 것이다. 종교에서 일어난 일은 다른 분야에서도 일어날 수 있다. 한 민족의 인종적 성향이 계속되는 세력 또는 선정하는 요인으로 작용할 때, 비단 종교의 형태만이 아니고 경제체제나 정치기구도 자기에게 맞는 것 중에서 가려 뽑는 것은 자연스러운 이치다. 그런데 이렇게 되면 첫째로는 민족의 인종적 성향과 그것이 가려 뽑은 체제의 사이에 융합이 생기고 다음으로서는 신앙, 경제, 정치 상호간에 융합이 이루어져 이것이 역사의 오랜 풍화를 통하여 민족의 고유한 전통을 이루기에 이르는 것이다. 우리들은 여기서 민족의 물질적 기반으로서의 인종과 그 상부구조로서의 제도 또는 문명과의 상호침윤을 읽을 수 있는 것으로서 물질적 기반에 의하여 상부구조가 활력을 얻고 상부구조에 의하여 물질적 기반이 형상화되어 역사를 담당할 수 있는 주체로 자기를 건조하기에 이르는 것이다. 민족의 인종적 요소는 어디까지나 주체의 측면에 서는 것으로서 역사 속에 스며드는 전역사적前歷史的인 세력인데 그 역사 속에 차지하는 그 지위와 한계가 있다고 할 것이다.

우리들은 우리 겨레 인종적 요소의 특징으로 다음 세 가지를 들 수 있다.

1) 오랜 한 줄기에서 흘러내린 것이고 처음부터 이질적인 여러 갈래가 혼거한 것이 아닌 것.

2) 이것이 단조로운 한 갈래로 한 지역 안에 담겨 있은 것이 아니고, 대륙과 해양을 연결하는 만주와 한반도에 흘러 퍼진 것.

3) 오랜 역사를 경과하는 동안 거의 딴 인종적 요소인 양 자기를 새롭게 형성한 것.

4) 북방적 대륙적 기질을 가진 부족이 반도에 들어옴으로 하여 남방적 해양적 기질을 받아 질박한 요소와 섬세한 요소를 아울러 갖추게 된 것.

이 몇 가지가 우리 겨레의 인종적 요소 및 그 형성의 주요한 특징이 될 것이다. 하나면서 여럿에 갈렸고 갑자기 이질적인 것을 섞지 않았고 오랜 풍토화, 역사화를 거쳐 그러면서 북방적 요소와 남방적 요소가 혼성된 데 우리 겨레의 인종적 요소의 빼어난 경력이 있다고 할 것이다.

우리 선민先民의 원주지는 학자들의 견해에 의하면 대륙의 서북방 또는 동북방으로 되어 있는데 그 인종적 기원은 만몽계통滿蒙系統, 토이기계통土耳其系統과 공통된 먼 공동조상에서 분파된 것이라고 한다.9) 이 사실은 그 언어와 풍속 중에 서로 유사한 점이 있는 것으로 미루어 알 수 있다. 하여튼 우리 선민은 몽고족, 만주족, 토이기족 즉 우랄·알타이 어계족과 한가지로, 오랜 기원을 가진 혈연적으로도 비교적 서로 가까운 일족으로 피차에 출입이 있었던 모양이다. 그러나 오랜 역사와 지적 환경에 따라 스스로의 특징을 보유하여 오늘에 이른 것이다. 그런데 우리 선민들이 어느 때로부터 대륙 북방에서 동진하여 반도에 들어오게 되었는지는 자세히 알 수 없으나, 대개 신석기시대 초중기로부터 동진하여 만주족의 조상인 숙신족肅愼族을 차차 만주 동편으로 물리치면서 그 서편과 반도로 물결쳐 내려왔다. 우리 선민들은 대륙지방에서 이미 고석기시대를 경과하고 신석기 기술을 습득하면서 수렵경제 내지 채취경제생활을 계속하는 동안에 점점 동진하여 온 것이라고 한다. 그런데 고조선족이 이동한 그 뒤의 경로를 보면 후방행렬의 제사회와 남방행렬의 제사회에 갈렸는데 전자에 속하는 것이 부여, 고구려, 옥저, 동예였고 후자에 속하는 것이 신한, 마한, 변한이었다. 후방행렬의 제사회가 나중에 고구려로 통일되었고, 남방행렬의 제사회가 뒤에 백제와 신라로 정돈되어 우리 역사의 이른바 삼국시대를 현출시켰다. 이 삼국시대부터 우리 역사의 정상적인 유상流床으로서 이 세 나라가 고대그리스의 도시국가, 근세유럽의 제민족국가에 해당하는 것이라고 할 수 있다. 이 세 갈래가 통일신라, 고려, 조선조를 거쳐 지금 우리들의 혈관 속에 흐르고 있다. 그러므로 우리 겨레의 인종적 요소는 오랜 한 줄기가 여러 갈래로 흘러 퍼지면서 여기에 많은 지리적인 역사적인 환경의 영향을 받아 서서히 자기를 민족으로 묶어세우면서 오늘에 이른 것이다.

---

9) 진단학회, 한국사 고대편.

3. 민족성과 국토

3. 민족성과 국토

1. 민족과 국토

———————————————— 한 민족을 현실적인 민족으로 만드는 데 인종적 요소가 작용하는 것마냥, 지리적 환경이 여기에 영향을 미친다. 사람은 어느 의미에서 땅의 아들이다. 우리들이 그 속에서 사는 지역의 형상과 자원과 기후가 우리들의 생활과 습성을 규정한다. 그런데 사람들의 생존 장소, 생활공간은 결코 한결 같은 것이 아니고 지역에 따라 각각 같지 않은 양상을 보인다. 지구의 표면에는 해양이 있고, 대륙이 있고, 섬이 있고, 반도가 있고, 다시 산맥·하천이 있고, 평야·사막이 있고 하여 그 모양과 경관이 가지각색이다. 위도의 상하에 의해서는 한난의 차가 생기고, 해류의 흐름에 따라서는 건습풍우의 차가 생기고 화산, 지진이 있고 없음으로 육지의 성질의 차가 생기게 된다. 사람의 생존 장소는 이 같은 자연환경의 차에 따라 생활공간으로서의 각각 같지 않은 위치와 경관과 특징을 가지기에 이른다.

민족은 마치 개인이 집을 필요로 하는 것과 마찬가지로 국토를 필요로 한다. 유태사람들은 그들의 갖고 있는 국토가 없다. 유태사람들은 인종이 아닌 대로 민족도 아니다. 그들은 교회요 문화인 것이다. 현실적인 민족은 그들의 집이 있다. 모든 현실적인 민족이 그들의 전통과 성격을 발전시키는 것은 언제나 그들의 집을 가지는 데 의해서, 그리고 그 그늘 아래서인 것이다. 바커(E. Barker)는 민족조성의 공식이라고 하여 아래와 같이 말했다. "먼저 국토를 장만하라. 그리고 주민들을 한데 묶어세우는 기관을 거기에 첨가하라. 한 종류의 언어로 하여금 점차로 그들 사이에 퍼져 나가게 하라. 어떤 공통된 신앙과 숭배로 사람들의 정신을 한데 묶으라─그렇게 하고 얼마 있노라면 시간의 도가니와 세기의 발효 속에서 한 민족이 나타나게 될 것이다."10) 마치 사람에게 그 집이 제일 먼저 오는 것처럼 민족에게는 국토가 먼저 온다. 사람들이 그 집을 보고 그 사람을 판단하듯이 민족과 그 국토를 관련시키게 된다. 프랑스의 어떤 경구 작가는 이런 말을 했다. "독일로 민족이 되게 하고, 이집트로 강이 되게 하고, 유태로 종교가 되게 하고, 영국으로 섬이 되게 하고, Austria-Hungary로 정책이 되게 하고, 이탈리아로 언어가 되게 하고, 프랑스로 왕조, 전통 및 국토가 되게 하라.11) 민족 중에는 그 국토와 매우 밀접하게 연결되어 그것이 그 나라의 사람들의 생각을 짙게 물들이고 심지어 아주 만들어 버리는 경우까지 있다. 이 사실이 바로 프랑스의 경우일 것이다. 프랑스 국민의 정일성整一性은 결국 그 국토의 정일성과 조화와 교향곡에서 좇아온다.

한 민족이 오랜 전통에 의해서 밀접하게 연결되어 있어 그것을 자기의 고국으로 그리고 자기의 전 생명과 뗄 수 없는 것으로 생각하는 곳이 있다. 이것이 그 민족의 국토인 것이다. 우리들은 그 자신의 국가를 갖고 있지 않은 민족은 이것을 상상할 수 있을 것이다. 그러나 자기들이 그 속에서 살고 물질적으로나 정신적으로나 거기에 뿌리를 내리고 있는 지역을 갖고 있지 않은 민족이란 없는 것이다. 여러 지역에 흩어져 살고 그러면서 아무 곳에서도 땅

---

10) E. Barker, op. cit. p.15.
11) E. Barker, op. cit. p.15.

에 뿌리를 내리지 못한 민족은 으레 자신의 개성을 잃어버린다. 이런 민족은, 수효가 점점 줄고 독립국가의 자격을 잃고 마침내 사라져 버리고 만다. 민족과 국토와의 관계는 다양하면서 또 서로의 사이에 교호작용이 행해진다. 민족은 어디까지나 국토의 산물이다. 토양, 기후, 지형 같은 것들이 특정한 사회구조를 산출하고 이것이 다시 남과 같지 않은 고유한 민족의 성격을 빚어가면서 그 민족의 보람 있는 발전을 이끌어 온다. 그런데 한편 국토가 민족의 산물이 되기도 한다. 한 나라의 자연은 그 속에서 오랫동안 살아 내려온 사람들의 활동에 의해서 부단히 대규모로 변형되고 있다. 국민들의 노력에 의해서 같은 국토면서 그 질과 경관이 달라지기도 하고 전쟁에 의해서 국경선에 변동이 생기는 일도 있고 한 것이다.

국토는 한 채의 집이 여러 세대에 의해서 분할, 점거되듯이 여러 민족 사이에 쉽사리 분할될 수 있는 단순한 거주지역은 아니다. 근대적인 민족의식은 그 자신의 국토에 대한 양보할 수 없는 권리를 내세우는 데서 고대나 중세의 경우와 구별된다. 민족자결권은 첫째로 일정한 국토 보유에 대한 권리인 것이다. 국토의 크기가 그 민족의 정치적 운명에 적지 않은 영향을 미친다. 많은 족속들이 역사의 오랜 과정을 가지면서 그 속에서 마침내 민족으로서의 품격에 도달하지 못했거나 그것을 유지 못 한 원인은 그들이 지나치게 작거나 크거나 또는 민족의 구조와 성격이 지리적 조건에 의해서 규정된다는 사실 때문이다.

국토는 거기서 사는 사람들의 결정과 태도에 따라 각각 같지 않은 경역境域으로서의 작용을 한다. 아일랜드는 섬, 즉 긴 해안선을 갖고 대서양 쪽으로 통로가 트인 섬이다. 그런데 아일랜드는 역사에 있어서 영국과는 전연 같지 않은 방식으로 살아오면서 육지의 생활을 선택했다. 바다가 같은 바다면서도 전연 같지 않은 작용, 반대의 작용을 할 수도 있다. 그것은 같지 않은 사람들에 의해서 시대를 달리하여 각각 달리 해석되는 데 기인하는 것이다. 바다는 경역으로서 고립화의 동기도 될 수 있고 이와 반대로 도리어 항해와 빈번

한 교통의 박차^{拍車}도 될 수 있다. Corsica도^島와 Sardinia도^島는 전자의 예이고 Sicily도는 후자의 예일 것이다. 같은 섬이 어떤 시대에는 고립될 수도 있고 다른 시대에는 폭주하는 교통의 중심이 될 수 있는 것이다. 국경선의 유형으로서는 대체로 Land-frontier와 Island-frontier가 서로 구별되는데 영국과 프랑스가 각각 그 전형으로서 이 같은 국경선의 형태가 민족성에 영향하는 것은 쉽사리 알 수 있는 일이다. 그 국경선의 형태에 따라 한 나라는 다른 나라의 영향과 제약 아래 놓인다. 개인의 성격이 그가 사귀는 사람들에 의하여 영향을 받는 것처럼 민족의 성격도 마찬가지로 그 관련된 이웃에 의하여 영향을 받는다. 영국은 Norman Conquest 이래로 프랑스의 천재^{天才}와 정책과 예술에 의해서 자기를 형성해왔다. 프랑스 역시 그 복잡한 지리적 위치에 관련되어 영국의 해상 야망이나 외교정책뿐이 아니고 독일의 군력과 이탈리아의 문화와 스페인의 기사도에 의해서 형성되어 왔다. 국토의 지리적 요소가 민족성의 형성에 미치는 작용은 대체로 세 가지 측면에서 나감을 알 수 있다. 1) 국토의 외부적인 형상 또는 윤곽, 2) 국토가 그 속에 갖고 있는 자원, 3) 국토의 일반적인 기후상황. 그런데 첫째 것은 그 국경선이 Land-frontier냐 Island-frontier냐에 관련되고 둘째 것은 그 구릉과 대지, 평야와 계곡, 암석의 질과 토양의 성분, 그리고 그것이 농경과 산업에 미치는 영향 같은 것들에 관련되고, 셋째 것은 일광과 온도, 습도와 폭풍우, 그리고 그것이 인간의 신체와 정신에 미치는 결과 같은 것들에 관련된다. 그런데 국토의 이 세 가지 측면으로부터의 작용과 민족성의 형성과의 관련에 있어서 우리들은 언제나 이 세 가지 측면으로부터의 작용과 교호작용에 있어서 이것을 고찰하고 밝혀야 할 것이다. 국토가 민족을 형성하면서 민족이 국토를 형성하는 사실을 잊어서는 안 된다.

국토의 민족성에 대한 중요한 의의는 민족정서에 미치는 그 영향이다. 사람들은 생각하기를 민족정신이란 결국 국토에 대한 애착일 것이라고 한다. 그러나 민족감정과 향토감정은 반드시 같은 것은 아니어서, 국가에 의해서 인정된 국토와 내가 그 속에서 낳아지고 누대로 살아 내려온 일과 잊을 수 없는 많은 기억에 의하여 내 가슴속에 파고 들어와 있는 향토와는 같은 것이 아니다. 이 좁은 의미의 국토인 향토는 조국과는 완연히 다른 심리적 의의를 갖는다. 그것은 유년 시대와 소년 시대의 기억, 내 집과 친척과 정다운 친구들에 대한 기억이 되는 것이다. 내 향토의 숲과 목장, 계곡과 시내, 마을과 사적들은 내 나라의 다른 지방의 것들보다 훨씬 더 내게 가까워 잠시라도 잊혀지는 일이 없다. 우리들의 젊은 시절의 꿈과 희망, 우리들의 생장된 자취, 우리 선조들의 상像이 향토와 뗄 수 없게 연결되어 있다. 이 같은 향토의 아련함이 내 몸과 마음을 지켜주고 길러주는 어머니의 얼굴이 되는 것이다. 국토에 대한 그리운 정이 우리 마음속에 심어지기는 민족의 역사와 여러 가지 설화와 교육과 문학과 신문과 민요와 기념물과 그 밖의 여러 가지에 의해서일 것이다. 나라가 작으면 작을수록 그 국토는 향토의 성격을 띤다. 그런데 향토 감정은 그것만으로서 국가에 대한 충성심이 되는 것이 아니고 그 한 요소일 따름이다. 국토에 대한 관념이 모든 근대적인 민족주의 사조의 중요한 요소가 된다. 모든 국민은 자기 국토를 남에게 넘겨 줄 수 없는 신성한 유산으로 생각하고 있고 그리고 그 독립성과 불가분성과 동질성은 국가의 안전보장과 독립과 영예에 직결되는 것이다. 국토는 이를테면 국가기관의 신체로서 정신활동은 이 신체 속에 또 이 신체를 통해서 드러난다. 그렇기 때문에 모든 민족주의 사조에 있어서 역사적인 국토는 하나의 산 인격으로 생각되어 이것을 쪼개 놓는 것은 결국 그 전체를 파괴하는 결과가 되는 것이다.

 국토의 풍토적 환경은 이를테면 전역사적前歷史的이라고 할 수 있다. 그런데 국토의 위치는 그 민족의 역사와 밀접한 연관을 갖고 있다. 무릇 한 민족의 역사는 국토의 위치를 떠나서는 생각할 수가 없다. 중국의 역사는 육지가 연달아 있는 대륙이라는 지리적 특성을 떠나서는 이해가 안 되고, 독일, 프랑스 같은 나라들은 국경선을 맞대고 있는 접양국가接壤國家임을 떠나서는 그 역사가 없고 폴란드도 강대국 사이에 끼여 있다는 특수한 위치를 떠나서는 그 운명을 이해하기 어렵다. 우리나라의 경우도 아시아대륙 동녘 기슭에 누워 있는 반도라는 위치를 떠나서는 이해하기 어려울 것이다.

한반도는 대륙 동쪽에 북에서 남으로 비스듬히 누워 있다. 대륙을 몸체로 하고 일본열도와 해양의 도서들을 방파제로 삼아 깊숙이 들어앉아 있다. 중국이 대륙국가, 일본이 도서국가를 대표하는 데 반하여 우리나라는 반도국가의 전형이 될 것이다. 대륙에 광막한 평원이 많음에 반하여 한국은 좁은 반도에 산악으로 채워져 있다. 백두산을 머리로 삼아 척량산맥(脊梁山脈)이 남북을 꿰뚫고 있기 때문에 하류(河流)는 대개 서해, 남해, 동해로 흘러 들어간다. 반도의 동쪽은 좁은 까닭에 북계의 두만강을 제외하고는 별로 큰 강하가 없고, 해안선의 굴곡도 적은 편이나 서남쪽은 이와 반대로 폭이 넓고 평야와 대하(大河)가 많고 해안선의 굴곡이 심하여 항만이 거의 연달아 있다. 반도의 서해인 발해, 황해의 주위의 연안지대는 토지가 비옥하고 해산물이 풍부하고 기후가 따뜻하고 교통이 편리하여 예로부터 인류 서식 인문 교류의 보금자리를 이루어 왔다. 고조선의 문명이 서해안지대에서 발상된 것은 우연한 일이 아닐 것이다.[12]

이 같은 우리 국토의 위치와 그 반도적인 성격이 우리 겨레의 정치와 그 민족성에 많은 영향을 끼쳤다. 대륙과 해양 열도의 중간에 개재(介在)함으로 해서 한때 형세를 떨친 강대국의 위압을 받은 일이 한두 번이 아니었고, 비좁은 반도 안에 국척(跼蹐)해 있었기 때문에 대체로 기우(氣宇)가 적고 할거 독립을 좋아하여 부여나 고구려사람들의 경우를 제외하고는 웅심 활달한 기상이 적다. 그러나 이와 같은 국난과 자기를 고수하려는 기상이 도리어 자각과 반발력을 기르게 하여 헌신과 봉사의 전통을 일으켜 민족성을 높이는 데 작용해 오고 있는 것이다.

우리 국토의 위치는 마치 이스라엘의 경우나 스위스의 경우처럼 견고틀고, 역사적 세력의 통로 또는 회전장(會戰場)이 된다고 하거니와, 우리들은 이것이

---

12) 진단학회, 한국사 고대편.

아이슬란드같이 떨어져 있는 고립된 지역이 아님을 고맙게 생각해야 한다. 남의 통로 또는 회전장이 된다고 하는 것은 내 스스로의 힘이 부족한 때의 일이요, 내 스스로의 정치력과 문화력이 남에 앞설 때 거기가 도리어 참모본부, 진격의 기지가 되는 것이니 동대륙과 태평양을 연결하는 복된 자리에 그것도 한대나 열대 아닌 온대에 누워 있음이 국토의 위치로서 빼어난 것임을 알아야 할 것이다. 우리 국토가 대륙도 아니고 도서도 아니어서 이것도 못 되고 저것도 못 되는 중간적인 것이 된다고 하거니와 이 반도가 도리어 대륙의 장점과 도서의 장점을 아울러 가진 것을 알아야 한다. 인류의 문명이 대체로 반도에서 일어났음은 이 대륙적 요소와 해양적 요소의 연결이 사람의 생활공간으로서 우월함을 말하는 것이니 반도가 대륙과 도서의 중간이 아니고 도리어 그 통일이 되는 것이다. 대륙은 반도의 갖고 있는 대륙적 요소가 해양적 요소에서 떨어져 나가 자기를 비대케 한 것이고 도서는 반도의 갖고 있는 해양적 요소가 대륙적 요소에서 튕겨 나가 자기를 고립화한 것에 지나지 않는다. 대륙적 요소와 해양적 요소의 조화 혼성이야말로 한 민족이 그 속에서 역사를 일으키고 문화를 세우는 이상적인 지역이 되는 것이다.

2. 인간과 그 환경

역사는 이를테면 시간-선線 땅은 공간-장場이 될 것이다. 민족의 인종적 요소가 시간-선을 타고 내려오면서 그것은 다시 공간-장에 있어서 구체적인 종파로 흘러 퍼진다. 이 공간-장이 그 민족의 지리적 환경이 되는 것이다. 한 민족이 그 속에서 사는 지리적 환경의 형상形狀과 경선境線 그 토양, 그 자원의 총화, 그 기후의 영향-이 모든 것이 인간이 자기의 활동과 습성과 생활을 거기에 적응시키는 자연적인 요소들이 된다. 인간은 어느 의미에 있어서 자기가 그 속에 사는 지역의 Fauna(지역동물)인 것이다. 그리고 그

사는 환경에 어느 정도 적응되어야 하는 것은 그의 생존의 필요한 법칙이 되는 것이다. 그런데 사람은 Flora(지역식물)나 Fauna(지역동물)와 같지 않아 정신과 관념을 가진다. 인간 이외의 식물이나 동물 역시 그 환경의 영향을 받을 것이다. 그런데 이 영향은 그것들에게 직접적인 또는 단일적인 영향을 준다. 그러나 인간의 경우는 그렇지 않아 단순히 그 몸을 통해서만 작용하는 것이 아니고 도리어 그 정신에 들어가고 그 행동의 동기를 자아침으로 해서 작용을 일으킨다. 인간에 대한 환경의 작용은 이를테면 간접작용 또는 복합작용이라고 할 수 있다. 몸이 추울 때 추운 것만이 아니고 동상 입을 공포가 마음속에 일어나고, 산에 올라가 나무 찍을 생각을 하고…… 인간이 관념에 의한 동물인데, 다른 동물과 구별되는 면이 있을 것이다. 그런데 그가 형성하는 이 같은 관념들은 바깥 환경이 자기에게 미치리라고 생각되는 영향을 변경시키기도 하고 또 전연 이것을 물리치기도 한다. 인간은 어떤 금기관념이나 종교적 계율 때문에 바로 앞에 놓인 음식이나 자연스러운 생활방식을 거부하는 일조차 있다. 이 밖에도 인간은 적에게 붙들려 있으면서 그 지조를 굽히지 않기 위하여 죽을 줄 알면서도 곡기를 끊고 풀릴 길이 있는데도 짐짓 죽음을 택한다. 인간은 환경에 따라가면서 살거니와 한편 환경에 항抗하여 자기를 던지는 일도 있고 환경을 도리어 자기편에 이끌어 오는 일도 있는 것이다. 인人과 경境, 경과 인이 서로 작용하면서 인이 경을 이끌고 경을 변조하는데 인과 경 사이에 벌어지는 새로운 관계가 있다고 할 것이다. 나무나 흙의 경우는 그렇지 않아 자기 주위에 있는 것들로부터 한결같이 규정될 따름으로서 남의 환경은 될지언정 자기 자신의 환경을 갖는다고는 하기 어려울 것이다. 인간만이 환경을 가질 수 있다. 그리고 인간은 환경에 의해서 만들어지면서 다시 자기를 만드는 환경을 만든다. 민족이 그 속에 사는 지리적 환경은 이 같은 민족에 의하여 만들어지는 환경으로서 여기에 환경으로서의 국토의 어느 의미의 역사성이 있다고 할 것이다. 민족이 국토 위에서 번져 나가는 것은 나무가 토양 위에 서 있는 것과 마찬가지다. 토양이 나무의 성장에 관계를 갖는 것마냥, 국토는 민족의 발전에 영향을 미칠 것이다. 그러나 토양이 나무를 전적으로 좌우하는 것이 아닌 것과 같이 국토의 미치는 영향도 민족에게 결정적인 것이라고는 할 수 없다. 그런데 지리결정론地理決定論이 있어 지리적 환경이 민족에게 숙명이 된다고 주장하는 이들이 있다. 이 설에 의하면 한 민족의 국토는 바로 그 민족의 운명으로서 그 국토의 기후야말로 민족성의 형성과 발전을 좌우하는 결정적인 요소가 된다고 한다. 이 지리결정론이 근세에 와서는 라첼(F. Ratzel)과 그 학파에 의해서 주장되었다. 라첼에 의하면 국토는 언제나 동일한 국토, 또 동일한 위치에 있어 사람의 감정과 기분에 동일한 영향을 미친다. 그리고 변화 없는, 같은 코스를 반복하면서 민족의 운명을 거의 지배하다시피 한다. 역사상에 나타난 민족들은 따라서 이를테면 운에 따라 그 국토를 받아 가지고 그 법칙 아래 꽁꽁 얽매여 있으면서 거기서 나서 거기서 살다가 거기서 죽을 수밖에 없는 것이다. 이민이나 귀화나 유랑이 있을 수 있으나, 그리고 때로 영토의 확장이나 국경선의 변경이 있을 수 있으나 이것은 한 민족의 상례적인 경우는 못 된다.

초원지, 도서, 사막—이 같은 지역들은 어느 때나 같은 특성을 보이고 어느 때나 같은 영향을 준다. 라첼에 의하면 그렇기 때문에 국토, 그리고 국토의 형상과 특성이 국민생활의 방향과 물줄기를 결정하는 고정된 변함없는 하상이 되는 것이다. 이 같은 지리결정론을 주장하는 사람은 라첼이 최초가 아니었으며 고대그리스의 Hippocrates학파의 한 저작가와 Aristoteles도 이 설을 주장하여 민족성의 여러 가지 양상을 지리적인 차이에, 특히 기후의 차이에 돌렸다. 근세에 들어와 프랑스에서는 한때 유물론의 고조와 함께 Bodin, Montesquieu, Emile Boutmy 같은 사람들에 의해서 주장되었는데 영국에서도 Buckle이 자연이 인간의 상상력과 이해력에 미치는 영향이 적지 않음을 말했다.

한 지역은 자연의 여러 상면象面의 혼합, 산, 평원, 계곡, 강, 해안, 갑岬의 혼합으로서 그러면서도 어떤 제일성齊一性이 거기에 보인다. 이 같은 자연의 지역이 그 속에서 사는 주민인 인간의 사회에 만날 때 그것은 하나의 가능성의 창고로서 한 사회를 결정하는 운명이 아니고 도리어 그 속에서 사람들이 그들 자신의 선택에 의하여 자기들의 사회를 결정하는 선택의 경역이 되는 것이다.

마이어(E. Meyer)는 고장이 이 같은 가능성의 경역이 된다고 하여 아래와 같이 말했다.13) "자연과 지리는 인류의 역사생활의 터전이 되는 데 지나지 않는다. 자연과 지리는 발전의 가능성을 제공하는 것이고 그 필연성을 제공하는 것이 아니다. 한 지역은 역사의 하나의 주어진 조건이기는 하지마는 역사는 어느 지역의 성질로 이것을 예언 또는 예시할 수 없는 것이다. 인간의 생활에 있어서는 결정은 언제나 정신적인 개인적인 요인에 달린 것이 되어 인간의 성향과 그 의지가 결정하는 대로 이 자연과 지리를 인간은 선용할 수도 있고 그대로 지나쳐버릴 수도 있는 것이다."

국토의 예로서 영국의 경우를 들어보면 국토가, 육지는 육지대로 바다는 바다대로 많은 가능성을 제공해온 사실을 알 수 있는 것이다. 육지는 농경의 가능성과 석탄광 및 산업의 가능성을 제공해 왔고 바다는 어업의 가능성과 교통 및 상업의 가능성을 제공해왔다. 이 모든 가능성 속에서 영국사람들은 단 한 번만이 아니고 여러 번 역사의 여러 모양의 시기를 통하여 그 선택을 달리했던 것이다. 인간은 자기들 자신을 위해서 몇 번이고 새로운 가능성을 찾아낸다. 땅과 그 지리가 그들 나름으로 인간을 만들거니와 인간 역시 인간 나름으로 땅과 그 지리를 만들고 있다. 이것은 마치 민족이 그 자신의 법제와 다른 정신적인 요소를 만들면서 한편 이것들에 의해서 자기 스스로 만들어지는 것과 같은 사정인 것이다. 인간에 의해서 형성되고 고쳐지고 적응되면서 이 '인간화^{人間化}한' 땅은 물론 다시 인간 위에 작용한다. 국토는 단순히 주어진 자연적 재료가 아니고 부분적으로는 만들어진 인공이 가해진 것이다.

---

13) E. Meyer, Geschichte des Altertums, I. i. S. 66.

이탈리아 반도는 그것이 원시림으로 덮였을 때 서기 약 천 년 전에는 한 종류의 가능성밖에는 더 간직하고 있지 못했다. 그러던 것이 서기전 백 년경에 들어서면서 사람들이 산림을 개간하고 포도와 올리브 재배를 하고 하여 새로운 지리적인 가능성을 자기들의 환경이 이끌어 왔을 때 같은 땅은 새로운 종류의 가능성을 간직한 것이었다. 다시 그들이 자기들의 군사적 상업적 필요를 느껴 자연의 장해를 무릅쓰고 습지인 언덕을 뻗어나가는 넓은 도로를 만들고 이렇게 하여 자기들의 환경 속에 자기 자신의 창조에 매인 새로운 지리적 가능성을 이끌어 왔을 때 같은 땅은 또 한 번 새로운 종류의 가능성을 간직한 것이었다.

인간이 땅의 가능성을 선택하는 일, 인간이 땅의 가능성을 창조하는 일이 무엇보다도 중요한 일이다. 인간의 선택이, 그의 환경이 그의 선택을 결정하는 이상으로 인간의 환경을 결정한다. 인간의 선택이 바뀔 때 그것은 환경마저 바꾸어 놓는다. 그렇기 때문에 환경은 언제나 동일하고 고정적이면서 단순한 것이 아니고 변하면서 있는, 그리고 복합적인 것이다. 사람들의 주의와 결정의 방향이 중요하다. 마치 시간상의 과거가 주의와 결정의 방향에 따라 변하는 것처럼 우리들의 환경도 바뀌는 사람에 따라 그 성격을 바꾸기에 이른다.

헤겔은 그의 역사철학강의 속에서 세계사의 지리적 기초를 논하면서 구세계의 지리적 구별이라고 하여 다음의 세 유형을 들었다.14) ① 광대한 초원과 평지로 된 물 없는 고지. ② 대하천이 관류하고 관개가 편한 평야. ③ 해안과 직접관계를 가진 연해지방. ① 고지에는 유목생활과 족장정치가 있고 때로는 문화세계에 대한 강한 자극을 주지만 그 자신에 있어서 발전이 못 된다. ② 평야에는 농업과 대국가가 발달하여 문화의 중심지가 된다. 소유, 군주와 노복의 관계 같은 것이 현저하다. ③ 해안지방에는 상업이 발달하고 밖

---

14) G. W. F. Hegel, Vorlesungen über die Philosophie der Geschichte.

으로 뻗어나가려는 용기가 올라온다. 정복욕, 모험욕이 끓어오르면서 한편 시민의 자유가 자각된다. 헤겔에 의하면 역사는 고지에서 시작하여 평야에서 보편적인 것에 대한 반성에 눈뜨고 해안에서 그 반성을 발전시킨다. 아시아에는 ①의 고지와 ②의 평야가 결합되어 있고 유럽에는 ③의 해안지방과 ①, ②의 융합된 지대가 있다. 지중해의 그리스, 이탈리아는 ③이고 중유럽, 북유럽은 ①과 ② 양자의 중간이다. 그래서 역사의 시초나 보편자에의 반성의 개시는 동양에서만 볼 수 있는 것이고 서양은 그 발전만을 맡은 셈이 된다. 그러므로 세계사는 태양의 운항과 같아서 동에서 시작하여 서에 마친다고 할 수 있다. 즉 동양은 오직 한 사람만의 자유를 알 뿐인데 그리스 로마의 세계는 몇 사람의 자유를 알고 게르만세계에 이르러 모든 사람이 자기를 자유로 자각한다. 이것이 헤겔의 세계사의 근본사상이었다.

우리 국토는 헤겔의 지리적 구별의 ③에 해당하면서 ①과 ②의 혼성된 요소를 갖고 있다. 우리나라는 아시아대륙 동쪽에 붙어 있어 북에서 남으로 비스듬히 누워 있는 반도와 울릉도와 제주도를 위시한 대소의 많은 도서로 되어 있다. 삼면이 바다에 에워싸여 온대 중에 있으면서 한류와 난류가 연안을 교류하고 기후풍토는 대륙적 요소에 해안적 요소를 섞었고 다시 한대적 요소와 아열대적 요소가 스치고 지나간다. 태평양의 영향과 아시아대륙의 영향 아래 감싸여 대체로 온화한데 그러면서도 여러 가지 반대요소가 교착되어 단조로운 온화가 아니고 청상함과 다채로움을 이끌어 온다. 사계의 교체와 계절의 추이가 매우 선명하여 한국의 자연은 공간적인 자연인 것보다는 어느 의미에서 시간적인 자연이라고 할 수 있다. 계절의 변화는 단순한 온도의 변화뿐이 아니고 비, 눈, 안개의 변화와 함께 오고 나무나 풀의 색채의 짙은 변화와 함께 온다. 비와 바람에도 여러 가지가 있어 이것이 대륙이나 해양에서 뻗어오는 기압의 영향 아래 한층 더 복잡함을 보인다. 대소의 산악구릉이 번갈아 있고 초목화훼의 종류가 많고 들에 백곡이 무르익어 그 아름다운 경관은 가는 곳마다 봉래蓬萊요 방장方丈이라고 할 수 있다. 이 같은 아름다운 자연 속에서 나고 살고 하니 우리 겨레의 성격은 자연 낙천적, 현실주의적 경향을 띨 수밖에 없다. 때때로 닥치는 민족적 고난 때문에 염세적 비관적 체념적인 어두운 그림자가 드리우거니와 이것은 우리 겨레의 본래의 기상은 아니었다. 우리 민족성의 근간으로서 고조선사람들의 관후함과 고구려사람들의 웅건함과 신라사람들의 고매함을 들 수 있는데 이것은 한가지로 우리 겨레의 내어뻗는 물줄기가 지리적 환경 속에서 오랜 역사의 풍화작용을 거쳐 자기를 형성한 것에 지나지 않는다. 고조선사람들의 '너그러움'과 고구려사람들의 '씩씩함', 신라사람들의 '빼어남'은 그대로 우리 국토의 모습이기도 하거니와 이것이 무너지기에 이른 것은 제도나 당쟁 같은 인위적인 것에서 온 것이니 민족성의 기반인 인종이나 지리적 환경 외에 그 상부구조인 정치와 언어와 종교와 교육이 민족성의 형성에 작용하여 혹은 이것을 청징하게 혹은 이것을 혼탁하게 만듦을 알 수 있는 것이다.

3. 새로운 가능성의 발견

영 제도^{英 諸島}는 예전에는 빙하에 덮여 있었다. Scotland 쪽으로부터 내리뻗은 빙하가 남쪽으로 내려와 Thames강 경계에까지 미쳤다. 이래서 자연 남부지대가 먼저 열리기 시작했고 이 상태가 최근까지 계속되었다. England와 Wales는 비스듬한 지형을 이루었는데 남동쪽에서 시작하여 북서쪽으로 점점 높아져 올라갔다. 지면이 평평하고 관개가 좋고 대륙과의 거리가 가깝고 하여 이 남동쪽 평야지대에 많은 사람들이 모이기 시작했다. 영 제도에 들어오는 여러 종파들은 Celt족이고 Anglo-Saxon족이고 모두 여기에 들어왔다. 그런데 그들은 북서쪽 산간지대에까지 치받아 올라가지 않았다. 이 두 지대 사이에는 자연적인 경선^{境線}이 있어 지질과 암층의 현저한 차이를 보이고 있다. 어쨌든 이 남동과 북서를 가른 지형상 및 지질상 경선이 영국을 두

개의 영국으로 갈라놓은 경선이 되는 것이다. 이 경선은 처음에는 지형상의 경선이었는데 차츰 그 주민과 경제양상도 갈라놓게 되었고, 나중에는 여러 세기 동안 정치의 면에 있어서도 깊은 구거溝渠의 작용을 해왔다.[15]

한 지대에 먼저 들어온 족속은 그 뒤에 들어오는 신래자新來者에게 밀려 오래된 산간벽지로 몰려가는 경향이 있다. 영어의 "Old rocks, old stocks"라는 말은 이 사태를 이야기하는 말로서 새로 들어오는 족속에 의해서 구래자舊來者는 밀리게 마련이다. 어느 나라의 경우에서나 먼저 들어온 이들은 산간으로 쫓겨 올라가고 새로 들어온 이들이 살기 좋은 지대를 점령하는 법이다. 영국의 경우가 그렇고 프랑스의 경우가 그렇다. 이 같은 구래자와 구지대의 공존은 다름 아닌 인종적 요소와 지대적 요소와의 공존이다. 이렇게 하여 지리적 요소 역시 인종적 요소와 마찬가지로 인간의 습성과 생활에 많은 영향을 끼친다. 산간지대에 자연 커다란 부락들은 이룰 수 없고 조그만 마을이 여기저기 산재散在할 수밖에 없는데 이런 지리적 거주적 환경 속에는 자연 활달하고 진취적인 기상이나 풍습이란 형성되기 어려운 것이다. 경제적으로도 영국의 경우의 이 북서와 남동 양 지대의 차이는 오랜 기간을 통하여 남동에 유리한 발전을 가져왔다. 이 남동지대가 농업에 아주 알맞은 지대였고 양모와 양피가 주요 수출품이고 밀이 주된 농산물이던 시대에는 이 남동지대가 자연 영국의 산업의 본거지였다. 한편 이 지대가 대륙과의 사이의 교통과 상역의 본거지이기도 했다. 이렇게 하여 영국의 남동지대에는 산업과 상업도시와 사원이 일어났다. 한편, 북서지대는 싸움과 영주권과, 성곽들이 생겨나는 곳으로 남아 있었다. 이것이 중세말기까지의 영국 양 지대의 상태였다. 그랬는데 사정이 바뀌기 시작했다. 상업이 서부지대에서도 일어났다. 미 대륙의 발견과 인도양 항로가 발견되면서 새로운 시대가 도래했을 때 영국은 서부로 자리를 옮겼다. 영국산업은 이로부터 2세기 뒤에 서부와 북부로 이동했다. 산업혁명

---

15) E. Barker, op. cit. pp.61~62.

은 많은 사람들을 이 고지대의 탄광과 제철공업에 보냈다. London을 위시하여 본래의 남동부의 도시들은 커지기는 했지만 북서부에는 전연 새로운 대규모의 공업도시들이 일어나 영국의 면모를 일신시켰다. 이 모양으로 영국사람들은 자기들의 국토의 가능성을, 각각 바뀌는 요구에 따라 여러 모양으로 이것을 이용했다. 그 결과 그들은 역사의 각 시대에 조응하여 새로운 운명을 개척했던 것이다. 이 두개의 영국, 남동지대와 북서지대는 정치의 면에서도 차이를 보이고 있다. 남동지대는 로마사람들이 오랫동안 점거한 지역이었는데 그들은 이 지대에는 민정을 실시했고 높은 북서지대는 군정에 맡겨 두었다. 이 남동지대는 한편 Anglo-Saxon 사람들의 정주지^{定住地}고 아울러 중세적 발전이 이루어진 지역이다. 여기가 산업과 상업의 중심지면서 정치와 문학의 중심지였다. 이와 반대로 북서지대는 봉건적이고 소란이 그치지 않는 지역으로 보수적이면서 때로는 반동적이었다. 영국 역사에 나타난 여러 가지 내부의 싸움은 모두 이 전진한 남동지대와 관련된 분쟁이었다. 17세기의 영국의 국내전쟁은 거칠게 보아 북서부에 있는 왕당과 남동부에 있는 의회주의자들 사이의 싸움이었다. 그런데 이 싸움은 인제 과거의 싸움이고 지금은 양쪽이 어깨를 나란히 하고 하나인 영국의 운명을 위하여 분투하고 있는 것이다. 영국의 국토는 광범위한 가능성을 간직하고 있는데 인간에 의한 개발에 의하여 어업, 상공업, 해상 제패의 발전을 가져왔다. 그런데 이 가능성이 오랫동안 잠잠히 누워 있었다. 인간의 관심에 의해서 초점이 맞추어지거나 인간의 선택에 의해서 발굴되거나 하지 않았기 때문이었다. 그랬는데 중세기 말엽에 이르러 영국사람들은 바다를 향해 발전하기 시작했고 그렇게 되면서 그들의 민족성을 형성하는 여러 가지 영향 속에 하나인 새로운 그러면서도 씩씩한 요소가 가해졌다. 대담하고, 모험을 좋아하고, 참을성 있고, 명랑하고, 앞으로 나가고,…… 탐험적이다. 같은 기상과 습성은 마치 국토 속에 있는 여러 가능성이 그 속에서 졸고 있다가 개발되는 것처럼 민족성 속에서 졸고 있던 것이 개발된 것이다. 한 민족의 예지^{叡智}는 그 국토 속에 누워 있는 가능성들을 탐색하고 평가

하는 일에서 드러나고 그리고 그 가능성들의 이용을 그 시대 그 환경의 필요에 들어맞게 하고 아울러 건전한 장기적인 발전에 정합시키는 데 있다. 이 가능성의 발견과 이용은 한 시대, 한 형태, 한 측면에만 고정되어서는 안 된다. 우리나라는 오랫동안 농업국으로 내려오거니와 농경의 형태와 방법이 언제나 고정된 천편일률적인 것이 되어서는 안 된다.

우리들은 안전하다고만 해서 전래적인 방식에만 의존해서는 안 된다. 시대에 따라 부단히 새로운 것을 선택해야 하고 또 전연 새로운 선 위에서 새롭게 발굴해야 한다. 민족성의 형성은 국토의 양상이나 성질로부터 영향을 받는 것으로서 국토 속에 있는 새로운 가능성을 발굴함으로 해서 어느 정도 민족성에 새로운 요소를 이끌어 올 수 있는 것이다.

어느 시대에 있어서나 한 국민은 자기에게 가장 필요한 때 가장 필요한 가능성을 발견하게 되어 있다. 그런데 이 같은 가능성의 사용과 그 사용의 결과는 그 국민 자체의 기질과 성격에 영향을 미친다. 국토의 형상이나 윤곽은 대체로 변하지 않는다고 본다. 기후도 그 상황이나 사람에게 미치는 영향이 대체로 일정한 것이라고 할 수 있다. 그러나 국토는 그 속에 간직하고 있는 가능성에 이르러서는 인간의 주의와 관심이 변하는 데 따라 변하고, 이 변화가 민족성의 형성과 변화에 영향을 준다. 꾸준하고 활기 있는 민족은 예전 가능성이 고갈되었다고 해서 실망하고 물러서는 것이 아니다. 그들은 새로운 가능성을 찾아내기에 힘쓴다. 그리고 이것을 찾아 만날 때까지는 절대로 쉬는 법이 없다. 우리들은 단순히 자기 국토 안의 가능성만을 생각할 것이 아니고, 우리와 인접한 여러 지역들이 갖고 있는 가능성을 생각해야 한다. 새로 발견되고 촉진될 가능성들이 우리 국토 안에나 밖에나 수없이 많이 있는 것이다. 우리들은 겨레로서의 오래된 역사만을 자랑할 것이 아니고, 국토 속에 간직된 새로운 가능성을 발견하고 이것을 발전시키는 것에 의해서 스스로를 새로운 민족으로 만들어야 할 것이다. 우리들의 위험은 자연자원의 빈약이나 고갈이 아니고 우리들 자신의 기상이 진취적이지 못하고 새로운 것을 찾아내는 눈동자가 우리에게 없는 일이다. 생활에 대한 의욕도, 개혁을 이끄는 창의도 없이 선조들이 전해준 대로 밭 갈고 길쌈하고……. 여기에는 신라 천 년이나 고려왕조에 대한 반추와 회고는 있을지언정 새로운 국토 위에 새로운 역사를 엮어나가는 민족의 우렁참은 있을 수 없는 것이다.

우리 국토의 지세는 서남이 낮고 동북이 높이 올라가 하천이 대개로 서류西流 또는 남류南流하여 이 서남에 취락이 먼저 생겼을 것이다. 서남부는 하천과 평야가 많고 동북부는 수림이 울창하고 광맥에 덮이어 하나는 농경지대, 하나는 공업지대에 맞는다. 그러나 거기 사는 사람들이 시대를 따라 새로운 가능성을 발견하지 못하고 예나 이제나 원시적인 농경에만 종사하여 풍요하게 살 수 있는 이 땅에 사람이 스스로 가난을 가져왔다. 농산물의 가짓수와 그 품질이 뛰어나 쌀, 과일, 인삼, 약초가 예로부터 널리 들리었거니와 그보다 더 큰 자랑거리는 무진장한 지하자원이다. 오늘까지 발견된 광물의 종류는 240여류에 달하여 그중 특히 금, 철, 무연탄 및 흑연은 그 품질과 분량이 아울러 드러나고 있다. 금과 철은 고대로부터 풍부하게 채굴되어 그 기록이 일본의 고기古記와 중국의 고서古書에 보였다. 지하자원뿐만 아니라 해안은 해류, 도서, 항만, 수심 등 모두 천혜적이어서 어류의 서식에 적당하며 많은 어족 중에서도 명태, 대구, 조기는 중요한 어산물에 꼽힌다. 해표와 올눌腽肭은 동해의 특산물로서 그중 해표피는 고대 대중對中 수출물로 이름이 높았다. 우리 국토는 농업, 공업, 상업, 교통의 융창을 이룰 많은 지리적 여건을 갖고 있다. 시대에 따라 그 새로운 가능성을 발견하는 창의가 없이 원시적인 농경만을 계속하여 오랫동안 은자隱者의 나라로 남아 내려온 데 우리 자신이 불러온 퇴영과 침체와 가난이 있는 것이다. 우리에게 필요한 것은 게르만족에서 보는 강인한 분투력과 Anglo-Saxon족에서 보는 개척정신, 모험정신이다. 산수의 수려하고 기후의 온화함이 우리 민족의 현실만족의 풍상을 가져왔으려니와 우리에게 창의, 활달, 감투의 기상이 부족한 것은 하나는 그 사람의 탓 하나는 사람이 만들어 놓은 제도의 탓이었다.

4. 풍토의 영향

　근세 프랑스의 저작가들은 풍토가 민족의 생활이나 그 성격에 미치는 영향을 여러 가지로 논의했다. 그리스의 지리학자 Strabo는 이미 2천 년 전에 영국의 기후에 대해서 '눈보다는 비가 많이 오고 습기가 많아서 안개가 잘 끼고 온종일 세 시간이나 네 시간밖에는 해를 볼 수가 없다'고 했다. 서기전 5세기 중엽 Hippocrates학파의 한 저자가 '공기', '물', '고장'에 관한 논문을 썼는데 이것이 기후의 사회생활에 대한 영향을 밝힌 최초의 논문일 것이다. 이 때문에 그는 기후학Climatology의 창시자가 되었다. 그는 기후가 우리에게 미치는 네 가지 요소라고 하여 ① 토양의 성질과 윤곽, ② 강우와 일반 온도, ③ 기후변화와 폭풍우의 빈도를 들었다. 그는 특히 기후의 변화가 중요하다고 하여 이것이 인간의 정신에 자극을 주고 그 정체를 막는다고 했다. 기후는 아닌 게 아니라 하나의 원인이 된다. 그러나 이것이 모든 것을 결정하는 것은 아니다. 법체제도 다른 하나의 요인이 된다. 아시아 사람이나 유럽 사람의 기질이 각각 같지 않음은 그 풍토의 관계이기도 할 것이다. 그러나 전제주의 체제 아래 있는 자와 자유로운 시민사회 속에 있는 자가 서로 같지 않은 습성을 보임은 바로 이 제도에서 오는 작용 때문일 것이다. 하늘 빛이나 토양의 성질이 어느 정도로 사람들의 성격에 영향하는 것은 사실일 것이다. 그러나 한편 교양, 법, 관습 같은 것이 성정의 방향이나 작용을 변화시키고 돌려놓은 사실도 인정해야 한다. Platon과 Aristoteles도 이 풍토의 사람들의 성격에 미치는 영향을 인정했는데 Platon의 「법률편」에 의하면 토양과 공기가 인간의 정신과 그 기질에 관계된다고 하였다. 그가 가장 좋지 않게 생각한 것은 바다의 영향이었다. '바다는 사람을 장사꾼으로 만든다. 바다는 이중인격과 불성실성을 낳는다. 바다는 신실하지 못하고 냉담한 기풍을 나라 안과 밖에 퍼뜨린다'(Laws 705A)

　기후는 네 가지 요소를 갖는다. ① 온도, ② 습도, ③ 일광, ④ 바람과 폭풍우 및 그 밖의 현상. 그런데 이 네 가지가 여러 모양으로 결합되어 한 지역의 기후의, 이를테면 생리를 이루게 된다. 이 같은 한 지역의 기후가 그 속에 있는 사람들의 정신과 성향에 영향을 미칠 때는 적어도 세 가지 측면이 구별된다. ① 신체의 형태에 미치는 경우. ② 신체와 정신의 에너지에 미치는 경우, ③ 비단 에너지뿐 아니고 생각 및 의지의 방향과 태도에 미치는 경우.

첫째 경우의 예는 미주에 건너간 이주민들의 자손의 경우일 것이다. 미주에 건너가서 사는 이주민들의 자손들은 대개 그 부모보다 키가 크고 얼굴이 번뜻하고 손발이 엄청나게 크다. 그런데 이것은 단순히 기후만의 영향이 아니고 다른 요소도 생각할 수 있을 것이다. 인종적 요소의 혼합이라든가 직업의 변경이라든가 식품과 수면시간 관계라든가, 하여간 기후도 이 신체의 형태에 작용하는 것만은 사실일 것이다.

둘째 경우가 기후가 사람의 신체와 정신의 에너지에 영향을 미치는 경우다. 헌팅톤(E Huntington) 교수는 문명과 기후와의 관계를 여러모로 논구했다.[16] 그는 무슨 조건아래서 또 어떤 요소들에 의해서 기후가 사람의 신체 및 정신의 에너지에 영향을 미치고 또 그것이 다시 문명의 통로를 결정하게 될 것인가라고 물었다. 그는 다음과 같은 결론에 도달했다.―영국사람들이 투덜투덜하는 영국의 기후는 여러 가지 면에서 그들이 바랄 수 있는 가장 적합한 것이다. 건강에 이로우니 좋고, 에너지를 자극시키니 좋고, 일하기를 권장하니 좋고……. 그 기후 때문에 영국은 많은 인구를 옹擁한 부강한 나라가 되었다. 그들은 건강 속에서 살아가고 정력을 갖고 일하고 생기 있고 줄기차게 성장하는 민족의 유산을 쌓아 올리면서 살아가고 있는 것이다.

London의 연중 평균 온도는 화씨 50도로서 계절을 통한 온도가 높고 낮은 차가 꼭 알맞아 여름의 화씨 64도에서 겨울의 화씨 38도가 그 움직이는 범위다. 그 위에 그들은 주간 또는 월간의 온도변화 범위를 갖는다. 온도의

---

16) Cf. E. Huntington, Civilization and Climate.

변화뿐이 아니고 청우^{晴雨}의 변화 역시 예상하기 어려운 것이 되어 이 같은 변화가 영국 기후의 한없이 빼어난 장점이 되는 것이다. 변화야말로 예전 그리스의 관찰자들이 지적한 대로 활력의 원천이다. 신체나 정신이나 무변화성 아래서는 축 기운이 처지고 이와 반대로 대기의 재빠른 운동은 민활한 정신을 낳는다. 영국은 확실히 기후가 사람의 신체와 정신이 에너지에 미치는 영향의 면에서 보면 세계의 어느 나라보다도 가장 이상에 가까운 나라일 것이다. 기후는 영국에서는 언제나 바람비를 머금고 그러면서도 알맞은 범위 안에서 움직이기 때문에 줄곧 사람들에게 자극을 준다. 만일 건강과 에너지가 선의 규준이 된다고 하면 영국은 세계에서 제일가는 기후를 가진 나라라고 할 수 있을 것이다.

셋째 경우가 기후가 사람들의 생각과 의지의 일반적인 방향과 태도에 영향을 미치는 경우다. 이 경우는 결국 기후가 그 국민의 기질에 영향을 주는 것을 말하는 것이다. 영국의 기후에서 보면 그 대기의 습도나 회색빛 또는 하늘빛이나 번갈아 드는 변화성이 영국사람들의 생활과, 사고와 습성에 어느 정도 영향을 미치는 것은 사실일 것이다. 그러나 이 영향을 지나치게 중시할 것은 아니니 그것은 영국사람들이 멀리 영국 본토 밖에 나가 흩어져 살면서 대체로 거의 같은 기질을 유지하는 점으로 보아 알 수 있는 것이다. 영국사람들은 영국 본토에서 보는 유형의 기후 속에서만 사는 것이 아니다. 그들은 이른바 대영제국을 이루었고 이 광대한 제국 속에서 그들은 다른 하늘빛 아래 있고 다른 기후 속에 있으면서도 그들의 전통적인 사회를 건조했던 것이다. 그들은 캐나다와 호주와 남아연방^{南亞聯邦}과 뉴질랜드에 가 살면서 다소 달라졌을 것이다. 그러나 밑바닥을 흐르는 영국적인 기질에 이르러서는 커다란 변화가 없다고 보아야 한다. 그리고 이 다소의 변화도 실상은 단순한 기후의 영향이 아니고 새로운 환경 새로운 생활조건 아래서 모종에서 갈리어 나온 양태에 지나지 않는다. 결국 전체로서 보면 밑바닥을 흐르는 공통된 영국적 기질의 정일성^{整一性}이 있고 그 변화는 어디까지나 새로운 하늘이나 새로운 기후 때문이 아니고 고대그리스의 식민지의 경우에서 보는 대로 이를테면 식민적인 기질이라고 부를 수 있는 활동적이고 모험적인 양태에 지나지 않는다.

그렇기 때문에 대영제국의 경우에서 볼 때 우리들은 기후가 그 민족성에 근본적인 변화를 일으키는 일이 아님을 알 수 있다. 그러나 그렇다고 해서 우리들은 기후가 민족의 성향과 습성에 미치는 영향을 전연히 무시할 수는 없다. 기후는 물론 절대적인 것은 못 된다. 그러나 어느 정도의 작용은 하고 있는 것이다. 우리들이 기억해야 하는 것은 첫째는 기후가 작용한다고 할 때 그 작용이 매우 느리다는 것과 그 결과로 그 영향이 오랜 기간 뒤에야 나타난다는 일이다. 영국 본토 안에서 사는 사람들은 오랫동안 거기서 바람과 비와 태양과 구름 아래 살아 호주에 건너가서 사는 사람보다 훨씬 더 그 영향이 장기적이 되는 것이다. 둘째로 우리들이 기억해야 할 일은 한 나라의 기후가 그 사람에게와 다른 나라 사람들에게 어느 의미에서 각각 같지 않은 영향을 끼치는 일이다. 영국 기후의 특징은 불확실성인바 이 불확실성이 영국사람들에게 미친 영향에는 특이한 바가 있다. 영국사람들은 오랫동안 농경에 종사했다. 도대체 불확실한 기후 속에서 농사를 짓는다는 일은 계획은 미리 한목 세워서는 안 되고 그때에 따라 임기응변할 줄 아는 것을 배우는 일이 된다. 이 같은 경향에 기울어져야 하는 민족은 대체로 기회를 보는 데 명민하여 그때그때 이것을 놓치는 일이 있어서는 안 된다. 따라서 그들은 계획과 실행에 밝은 개성을 갖게 되고 이 경향이 자칫하면 이른바 기회주의에 떨어지기 쉬운 것이다. 창의성과 독자성이 그들의 좋은 면이지만. 한편 혼란 속에 있으면서 재빨리 기회를 보는 면도 자연 있게 된다.

우리 국토는 아시아대륙의 동녘 기슭에 누워 있는 반도로서 대륙적 요소와 해양적 요소를 갖춘 온대지역이다. 반도임으로 해서 대륙에 비하여 규모가 작거니와 그러면서도 산악, 구릉, 계협이 많아 가는 곳마다 조화의 현묘를 보인다. 하늘빛이 푸르고 산수가 아름답고 기후가 온화하고, 백곡이 무르익고, 계절의 변화가 아롱지고…… 이 같은 아름다운 기후, 풍토, 경관 속에서 살기 때문에 그것이 자연 자연감정과 생활감정에 혹은 예술의욕과 단체의욕에 영향한다. 먼저 우리들의 명랑하고도 유현한 자연감정을 들 수가 있다. 한국사람은 계절의 변화에 대해서 민감하다. 그러나 이 민감함은 단소한 민감함이 아니고 길게 흘러내리는, 깊이 있는 민감함으로서 고요한 민감함이라고도 부를 수 있는 것이다. 한국의 자연현상은 청상하면서도 조용하다. 아침 햇빛도 그렇고 계절도 그렇고, 비와 안개도 그렇고, 구름도 그렇고, 시내도 그렇고…… 이 같은 자연감정이 생활감정에도 나타나 건축양식, 음식, 의상, 가요, 문예, 회화가 모두 이 흘러내림과 고요함을 보인다. 이 우리들의 자연감정, 생활감정을 상징하는 것이 수양버들일 것이다. 한국의 수양버들이 중국의 모란이나 일본의 사쿠라와 얼마나 다른가를 보라. 일본사람들이 단소함을 좋아하고 중국사람이 탐스러움을 좋아하는 대신, 한국사람들이 유현함을 좋아하는 것이 이 때문이다. 그다음으로 낙천적이고 현실적인 생활감정을 들 수 있다. 우리에게는 상고로부터 어두운, 염세적인 생활감정이란 없고 현세의 생활을 즐기는 명랑하고 낙천적인 생활감정이 흐르고 있다. 상고의 신화, 전설은 많은 천인, 신선이야기를 전하는데 이것이 자연의 아름다움이 생의 환희의 감정을 불러일으켜 인생 긍정의 정신태도에 이끌려 왔기 때문인 것이다. 우리들의 생활감정에 무상감이 깃들이게 된 것은 하나는 불교의 영향, 하나는 왕조 전망順亡에 따르는 애수 때문일 것이다. 그다음으로 가문의식, 편당의식偏黨意識을 들 수 있다. 우리나라의 경관은 개방적이지 않고 폐쇄적이어서 동리마다 남에게 등을 지고 돌아앉아, 이를테면 하나인 트인 지역이 아니고 각각 자기를 위하여 만들어진 무수한 소왕국에 갈려 있다고 할 수 있다. 이것이 한 가문이나 한 마을을 위해서는 아담한 분위기를 만들거니와 남과의 교섭에 있어서는 첩경 협동, 타협의 기상이 없이 자기만을 지나치게 주장하는 소집단주의 소독립주의가 되기 쉬운 것이다. 나중으로 지성과 정서의 빼어남을 들 수 있다. 푸른 하늘빛 아래서 부드러운 비와 이슬을 맞고 자라나니 자연 지성과 정서가 빼어날 수밖에 없다. 경주의 석굴암, 고려의 청자기,

조선조의 활자, 한글, 측우기, 귀선, 비격진천뇌, 화차 같은 문화재들은 우리 겨레의 독창적인 재능과 그 천분天分을 보이는 것이 된다. 우리에게 부족한 것은 심통한 종교적인 경험과 보다 나은 현실을 건조하는 진취적 정신이다.

국토와 기후가 민족성에 미치는 영향에 대한 일반적인 고찰은 단순히 그 민족의 과거만을 밝힐 수 있는 것이 아니고 그 현재와 장래조차도 어느 정도 바라볼 수 있는 것이다. 자연환경이 민족성의 형성에 적지 않은 영향을 미치거니와 이것은 언제나 사회의 제도 또는 그 의욕에 관계된다. 인간이 수동적으로 국토나 기후에 의해서 결정된다고 생각하는 것은 결국 지리결정론에 떨어지는 일이 된다. 자연환경이 인간의 생활과 습성에 영향을 미치면서 아울러 그 속에서 사는 사람들의 성정과 의욕에 의해서 거꾸로 개척, 개발, 변모되는 사실을 잊어서는 안 될 것이다.

4. 민족성과 정치

4. 민족성과 정치

1. 민족과 국가

민족은 역사의 산물로서 그 자신 역사를 이끌어 오는 주축이 된다. 그런데 이 민족은 인종적 요소가 같다고 해서 한 민족이 되는 것은 아니었다. 그리고 언어나 신앙이 같다고 해서 한 민족이 되는 것도 아니다. 그런데 민족은 언제나 그 자신의 영토를 가져야 한다. 일정한 집이 없이 사처에 흩어진 민족은 마침내 본래 의미의 민족이 되기 어려울 것이다. 민족과 국가의 관계는 민족과 인종, 민족과 언어, 민족과 신앙, 민족과 영토의 관계와 유사하면서 한층 더 긴밀한 내면적 관련을 가진 것으로 보인다. 민족이 언제나 국가가 되어온 것은 아니다. 또 한 민족은 언제나 한 국가를 이루고 한 국가는 언제나 한 민족으로 이루어지는 것도 아니다. 역사적 순서로서는 국가가 민족에 선행한다. 민족이 국가를 만든 것이 아니고 도리어 국가가 민족을 만드는 것이 되는 것이다. 한 영토의 어떤 중심부에서 명성과 권위를 가진 한 사람 또는 집단이 일어난다. 이 빼어난 한 사람 또는 집단이 점차로 그 지역을 조직하여 The state(국가)라고 불리기에 이르는데 이 state란 흔들리지 않는 명성과 권위를 가진 사람 또는 집단이라고 할 수 있다. 이 state 또는 정부는 서양의 경우에 있어서는 법을 만들고 시행함으로써, 궁정宮廷이나 법정에서 쓰는 말을 널리 폄으로써, 승려계급과 손을 잡음으로써, 영토를 보호하거나 넓힐 양으로 전쟁을 수행함으로써 그 자신의 전통을 쌓아올리는 작인作因이 되었다. 그런데 이 같은 전통이 결국 한 민족을 낳아 놓기에 이른다. 프랑스의 경우에서 보면 이 같은 국가가 민족을 낳아 놓았는데 그렇기 때문에 그 국가가 즉 그 민족, 그 민족이 즉 그 국가였다. 이 경우에 우리들은 역사가 그 하는 일에 있어서 정당했다고 말할 수 있다. 그러나 사태가 언제나 같은 것은 아니다. 근세유럽의 경우에 있어서는 국가들은 그들이 일으키는 전쟁을 통해서 언어와 신앙이 같지 않고 전통이 같지 않은 엉성한 주민들을 하나로 묶어세웠다. 이 일이 일어나면서 한 민족이 형성되었는데 19세기의 폴란드사람들이 바로 이 같은 민족이 될 것이다. 폴란드사람들은 민족으로는 하나면서 국가는 셋에 갈렸다. 이와 반대의 경우가 오스트리아·헝가리로서 국가로서는 하나면서 여러 민족이 그 속에 포함되었다. 이 같은 경우에 있어서 그 하는 일에 있어서 정당했다고 하기 어려울 것이다. 하나는 한 민족이 한 국가 속에 있고……. 일민족일국가一民族一國家, 일국가일민족國家一民族―이것이 역사 속에 나타난 민족 또는 국가의 정당한 또는 정상한 모습이 될 것이다. 일민족다국가一民族多國家나 일국가다민족一國家多民族은 여러 가지 어려운 문제를 남기게 되어 첩경 민족이 분해되거나 국가가 분열되는 결과를 가져오기에 이른다. 이렇게 하여 마침내 국가를 이루지 못한 민족으로 남든가 민족 사이의 불화에 기울어지는 국가가 되든가 하여 종당 역사의 심판 속에서 사라지고 마는 것이다.

액톤 경은 다민족국가를 이상적이라고 생각했고 일민족국가는 독재에 떨어지기 쉽다고 했다. 다민족국가는 그 속에 있는 여러 민족들의 긴장이나 협동 때문에 한편에 기울어지는 일이 없을 것이라고 했다. 그러나 그의 이 같은 주장은 그 뒤에 나타난 사실에 의하여 전복되고 말았다. 서양의 경우의

1815년 이후 또는 1914년 이후의 역사는 한 민족이 반드시 한 국가, 한 국가가 반드시 한 민족이 되어야 한다는 것을 가르쳐 주고 있다. 영국의 경우는 다민족이면서 동시에 일민족이라고 할 수 있다. 스코틀랜드, 잉글랜드의 명칭으로 불릴 때는 다민족이거니와 같은 Britain으로 불릴 때는 일민족인 것이니 만일 이 Britain으로 묶이는 공통된 유대가 없었다고 하면 영국 역시 국가로서는 소멸을 면키 어려웠을 것이다. 통일신라의 판도 안에는 신라와 백제와 고구려의 세 요소가 잡연雜然하게 있었을 것이다. 이것이 하나의 높은 근원 높은 차원을 이루지 못하고 통일신라의 권력 아래 임시로 웅크려 있은 데 신라 전망顚亡의 요인이 있음을 알아야 할 것이다.

서양의 경우에 국가 state는 본래 '신분' 또는 '지위'를 의미하여 빼어난 신분이나 지위를 가진 개인 또는 집단을 가리켰다. 이 빼어난 개인이나 집단이 어떤 적은 중심에서 일어나 자기들의 체제와 제도를, 넓어지는 영토 위에 확충시키는 데 의하여 국가가 건립되기에 이른 것이다. 이 같은 국가 건조과정 속에서 국가가 민족성에 미치는 영향은 대체로 직접적인 것도 아니고 의식적인 것도 아니다. 국가는 힘을 행사하고 재판하고 검사를 거듭하고 한다. 국가는 권위와 관계되는 직접적인 이해만을 추구하고 백성들의 기질이나 풍조에 그렇게 머리를 쓰지 않는다. 물론 국가는 전쟁을 준비하기 위해 국민의 감정을 부채질하는 일이 있다. 국민교육제도의 발달과 함께 국가는 학교를 시켜 이 같은 자기에게 유리한 애국심의 불꽃을 불러일으키게 한다. 역사수업은 이때 자기 민족의 자랑과 남의 민족에 대한 보복 감정을 심어 놓는 데 사용된다. 그러나 이 종류의 작업들은 그때그때의 흥분에 그칠 뿐 오랜 영향을 끼치지 못한다. 이것들은 국민의 영속적인 그리고 보편적인 성향을 만들어 내지는 못한다. 오늘에 이르러서는 국민생활의 기질에 대한 국가의 미치는 영향은 이 일을 위하여 국가가 하는 작업보다도 국가 자신의 품격에 더 많이 매여 있는 것이다. 그런데 국가의 정책이 어느 정도의 항구성恒久性을 가지고 오랜 기간을 통하여 꾸준히 시행될 때는 사람의 습성과 민족의 성향을 바꾸어 놓는 힘이 없지 않아 있다. 17세기 초엽 이후 프랑스 정부가 취한 정책은 시간의 경과하는 데 따라 프랑스사람들의 성격에 생생한 영향을 주었다. 프랑스 정부가 귀족을 누르고 계급 사이의 차이를 없애기에 힘쓴 노력이 마침내 "평등주의"를 산생했는데 이 정신이 결국 프랑스혁명을 이끌어 왔던 것이다.

맥도갈(W. MacDougall) 교수는 그의 노작 "Group Mind" 속에서 프랑스와 영국 사이의 민족성 차이를 설명하는 요인으로서 ① 인종적 요소, ② 직업에서 오는 영향이라는 두 가지를 들었다.17) 한 국민의 인종적 요소와 직업의 양상이 그 국민의 생활과 습성에 영향을 끼치는 것은 사실일 것이다. 그러나 이 두 가지 요인 외에 다른 요인들도 있고, 또 이 두 가지 요인마저 부단한 변천 속에 있음을 알아야 할 것이다. 프랑스의 사교성, 중앙집권, 관료주의와 영국의 개인주의, 지방자치, 자유에 기울어지는 편향은 단순히 인종적 요소나 직업만으로 설명해 마칠 것이 못 된다. 이 두 나라의 경우의 차이를 설명해 마치기 위해서는 인종적 요소나 직업 외에 두 나라 국토의 위치와 형상도 고려해야 하고 특히 무엇보다도 다른 요인들보다 무거운 지위를 차지하는 두 나라의 각각 같지 않은 국가의 경력 또는 작용에 눈을 돌려야 한다. 로마는 Gaul(프랑스)을 Britain보다 한층 더 로마화했다. 로마는 Gaul에 그 자신의 언어의 습성과 특징을 남겼다. 로마는 그들에게 그 자신의 사교적인 도시생활을 남겼다. 로마는 그들에게 그 자신의 정돈된 법률과 중앙화된 제국정부의 정신을 남겼다. 영불英佛 두 나라는 국가 건조 도정途程에 있어서의 정부의 작풍과 그 아래 놓인 행정풍토도 각각 같지 않았다. 두 나라의 이 같은 국가로서의 경력이 하나는 중앙집권과 관료주의, 하나는 지방분권과 시민의 자유에 나간, 두 나라의 성격의 차이를 설명하는 보다 유력한 요인이 되는 것이다.

---

17) W. MacDougall, Group Mind. pp.223~241.

서양의 국가사에서 보면 국가는 국가형태의 면에서 도시국가, 중세국가, 근대국가에 갈리고 정치형태의 면에서 군주정 공화정 제정에 갈린다. 서양의 경우는 고대그리스의 아테네나 스파르타에서 보는 도시국가가 국가의 시초였을 것이고 이 도시국가가 처음에 군주정에서 시작하여 공화정을 거쳐 다시 알렉산더에서 보는 제정에 옮아갔다. 이 그리스의 뒤를 이어 세계사의 무대에 올라온 것이 로마였는데 로마도 그 기원은 한 개의 도시국가였다. 그런데 이것이 점점 뻗어나가 이탈리아 전체에 걸치는 지방국가country-state가 되고 나중에 지중해를 내해^{內海}로 하는 제국에 확대되었다. 로마도 처음에는 군주정으로서 7대의 왕명이 전하고 있는데 이것이 뒤에 공화정에 바뀌었고 다시 제정에 옮아갔다. 그러면서도 그리스와 로마가 그 사람. 그 땅, 그 역사적 제약이 각각 같지 않아 같은 군주정 공화정 제정으로 전개였건만 그 하나하나의 양상이 각각 같지 않았다.

서양 중세의 봉건국가는 대체로 자연지역을 단위로 하고 발달했는데 이 봉건국가의 변천 속에 이미 근대국가의 단서가 포함되어 있었다. 서기 9세기에 잉글랜드 왕국의 건립을 보았는데 뒤이어 프랑스, 스페인. 포르투갈 왕국들의 건립을 보았다. 독일에서는 왕권의 발달이 가장 늦었다. 서기 962년 신성로마제국이 성립되는데 미처 중세봉건국가의 경우 역시 민주정 군주정으로부터 제정에 나아갔다. 봉건제도붕괴의 뒤를 이어 발생한 새로운 정치형성이 근대군주국가였다. 근대군주국가는 중앙집권의 확대, 국민단위의 정치, 국가주의를 신봉하는 데 있어 로마제국의 사업을 민족국가로서 실현하려는 것이라고 할 수 있다.

동양의 국가사는 국가형태의 면에서는 서양의 도시국가와 중세국가를 혼성한 것이라고 할 수 있는데 정치형태의 면에서는 흔히 일컫는 전제국가가 아니고 군주정^{君主政}과 제정^{帝政} 그리고 어느 의미의 민주정^{民主政}을 한데 섞은 것이라고 할 수 있다. 서양의 경우는 그 민족으로 보아 같은 그리스사람 같은 게르만족이 서로 갈리고 섞이고 하여 각각 나라를 세웠거니와 동양의 경우는 한국이나 중국이나 인도가 처음부터 같지 않은 민족으로서 나라를 세웠다. 국가사의 전개에서 보면 아시아가 유럽에 해당한 것이 아니고 고대 및 중세의 한국이나 중국이 그대로 유럽에 해당하는 것이라고 할 수 있다. 서양의 경우가 민족국가면서 이를테면 근·민족국가^{近·民族國家}라고 할 수 있고 동양의 경우는 민족국가면서도 이에 반하여 원·민족국가^{遠·民族國家}라고 부를 수 있는 것이 이 때문일 것이다.

2. 제 도

사람은 눈으로 볼 수 있는 영토 속에서 살아가는 눈에 뵈지 않는 물체로서 다른 한편 사람의 정신이 만든, 눈으로 볼 수 없는 영토 속에서 살아가는 눈에 뵈지 않는 정신이기도 하다. 인간의 생활에는 눈에 뵈지 않으면서도 현실적인 일련의 건물에 의해서 차지되는 영야가 있는데 이 같은 건물이 이를테면 언어와 사상·관습과 신앙·법률과 제도 같은 것들이다. 그 속에서 살기 위해서 정신에 의해서 건립되었기 때문에 이 건물들은 그 속에 깃들이는 정신에 자연 영향을 미친다. 민족의 언어, 신앙 및 법제는 자기가 거기에서 나온 민족을 도리어 결정하거나 적어도 영향을 끼치기에 이른다. 법이나 제도가 만들어지기 위해서는 여러 모양의 여과를 거쳐야 하지마는 일단 만들어진 법이나 제도는 민족정신의 산물이면서 도리어 민족성의 산모^{産母}가 되는 것이다. 법이나 제도는 일단 만들어지기만 하면 민족의 생활이라고 부르는 물줄기가 거기를 흘러가는 수로가 된다. 법이나 제도는 이미 주어진 결정된 사실이 되어 국민운동의 방향에 작용을 미친다. 영국의 봉건체제, 영국의 관습법, 영국의회제도 이 모든 것은 영국국민에 있어 그 속에 부어지는 거푸집이고 동시에 그 속에서 영국국민성의 틀이 잡힌 것이다. 한 민족의 창조적인 정신이 그들의 제도를 산생하는 산모가 되지마는 민족성이 제도 위에 미치는 영향보다 더 큰 영향을 제도가 민족성 위에 미친다. 미국헌법의 여러 조항이 미국사람들의 생활을 이끌어 나온 본(주형)이 되었다.

영국국민의 사회생활에 있어서 가장 큰 산물이 아마 의회가 아니고 관습법일 것이다. 이 관습법이 영국국민의 생활태도와 기질에 미친 영향은 다른 요소가 이것을 따라올 것이 못 된다. 세계는 지금 법제도에 있어서 로마법을 따라가는 체제와 영국법을 따라가는 체제에 갈렸다. 관습법은 만인을 위한 법으로서 왕도 거기에 따라가야 한다. 이것이 Magna Carta의 정신으로서 "국왕은 현재 그리고 앞으로도 법아래 있어야 한다"는 것은 이 때문이다. 우리들은 이렇게 하여 관습법으로부더 의회정치제도에 이끌리게 된다. 그런데 이에 앞서 신탁법信託法이란 요소가 있다. 이 신탁법은 본래는 민법의 일부로서 점차로 영국사람의 공생활과 국민정신 속에 들어왔다. 그리고 이것이 영국의 헌법과 국제연맹 규약에 일련의 깊은 영향을 끼쳤다. Burke는 영제국을 하나의 신탁으로 생각했는데 그에 의하면 이 신탁으로서의 영제국은 영본국이 제국帝國 내의 다른 구성부분에 대해서 책임을 지는 연방이 되는 것이다. 국제연맹의 경우의 위임통치는 이 같은 신탁이다. 국제연맹 규약에 의하면 이 같은 위임통치지역은 결국 그 지역의 최종의 주인인 주민들의 이익을 위해서 통치를 위탁받은 것인데 이 지역의 주민들 자신이 자기 스스로의 능력으로 자기들을 다스릴 수 있는 기간까지만 이 체제가 존속된다. 이 같은 법 체제 그리고 여기에 이끌리는 생활체제가 영국사람들의 국민성에 많은 영향을 끼친 것은 쉽사리 알 수 있는 일이다. 예전에는 프랑스사람들이 지금과는 달리 국왕에 대한 충성심과 자기들의 제도에 대한 보수주의적인 태도를 스스로 자랑하고 있었는데 이와 반대로 영국사람들이 도리어 다스리기 어렵고 혁명을 좋아하고 변덕스러운 백성으로 소문이 났다. 그런데 여러 세기를 거듭하는 영국사람들의 법체제와 의회제도로 해서 전에 보던 영국사람들의 흔들리던 성향이 아주 달라져 이제는 가장 보수주의적인 그러면서도 개혁을 원할 때는 점진주의를 택하는 풍상이 길러진 것이다.

　영국사람들의 국민성에 커다란 영향을 미친 것이 아마 저들의 의회제도일 것이다. 영국의회는 그것이 처음에 만들어질 때는 그 기원이 군주에서 발했다. 중세부터 내려오던 봉건적인 집단인 상원 House of Lord에 나중에 하원 House of Commons으로 발전한 새로운 요소들을 첨가한 것은 다름 아닌 국왕이었다. 국왕은 하나는 백성에게서 받아들이는 세입을 늘리기 위해서, 하나는 좀더 광범한 층의 실정과 소원을 들어 주기 위해서 주나 자치 도시의 대표자들로 구성하는 하원을 필요로 했던 것이다. 그러나 그 결과는 도리어 국왕의 첫 번 의도와는 어긋나 다른 방향으로 흘렀다. 주에서 뽑힌 대표자들은 지방의 여론과 자기 주州의 강력한 지지를 받으면서 날카롭게 국왕에게 마주섰다. 그들은 다시 자기들의 주위에 광범한 수효의 자치 도시대표자들을 묶어세웠다. 이렇게 해서 그들은 완연히 국민전체를 대표하는 집단이 되었다. 영국의 하원 House of Commons은 프랑스의 제삼부회第三部會에서 보는 한 계급만을 대표하는 것은 아니었다.

　영국의 하원은 지방에 기반을 갖고, 또한 계급보다는 국민전체를 대표하게 되어 일찍부터 왕권에 도전했다. 첫 번 문제가 세금에 관한 문제였다. 둘째 번 문제는 내각과 국가정책에 관한 문제였다. 이 두 문제를 에워싸고 의회와 국왕 사이에 싸움이 벌어졌는데 의회는 의회의 특권과 영국백성들의 일반권리를 주장하고, 국왕은 국왕의 대권大權과 국가의 권위를 내세우는 것이었다. 오랫동안 이 싸움이 계속되었는데 나중에 의회가 이겼다. 의회는 1688년 혁명 이후로 국가의 세금 즉 재정을 자기 지배 아래 두었다. 그리고 내각의 임명권을 장악함으로써 국가의 정책을 자기 지배아래 두었다. 이것으로써 오랜 싸움이 끝나는 것같이 보였다. 그런데 이 오랜 분쟁이 끝나기 전에 새로운 분쟁이 일어났다. 의회는 국왕에 대하여 승리를 보유하는 바로 그 순간에 두 파에 갈렸다. 의회의 이 두 분파는 그 이후로 정책과 내각의 장악을 위해서 싸워온다. 싸움은 남아 있고 분쟁과 논의는 계속되는데 한 편이 청교도의 배경을 갖고 상공계급의 지원을 받는 민권당民權黨(Whig)이고 다른 한편이 국교주의의 배경 아래 지주층을 대변하는 보수당保守黨 (Tory)이었다.

이 같은 영국사람들의 정치적인 논쟁 또는 토론이 영국국민의 기질과 성격에 끼친 영향이 어떤 것이었을까. 그 결과를 묻기 전에 우리들은 먼저 저들의 토론의 성격을 알아두어야 할 것이다. 그 성격의 첫째는 어디까지나 실제적인 토론으로서 행동과 실제의 정책결정을 위한 것이었다. 이 점이 대륙의 여러 나라에서 보는 일반적인 원리에 대한 이론 다툼과 같지 않은 점이다. 그 성격의 둘째는 조직된 토론으로서 일정한 절차와 관례에 따라 진행되는 일이다. 국왕과 의회의 경우나 당과 당의 경우나 모두 일정한 테두리 안에서 선례와 규약에 따라가면서 싸우는 것이었다. 그 주요한 영향이란 다음의 세 가지다. ① 서로 양보하는 방법, ② 중용中庸을 지키는 정신, ③ 집단적인 정신작업에 있어서의 훈련. 자기 의견을 어느 정도 양보하는 것은 얼른 보기에 문제해결에 있어서 불철저한 것같이 보인다. 단순한 타협이나 절충은 문제를 한층 더 복란複難하게 만드는 결과를 가져온다. 아닌 게 아니라 어물어물해서 넘기는 일은 도리어 화근을 뒤에 남기는 일조차 된다. 그러나 우리들은 우리들이 당면하는 많은 실제의 문제에 있어서는 절대적인 진리가 없다는 사실을 알아야 할 것이다. 어떤 사람들은 문제의 이 편만을 보고, 다른 사람들은 문제의 저편만을 보고, 이렇게 하여 결국 양쪽 다 진리의 한 측면만을 보는 데 그친다. 그러므로 개인과 개인, 국가와 국가 사이의 의견의 충돌은 결국 두 편 다 지나친 주장을 내세우는 데 기인함을 알아야 할 것이다. 만일 이 같은 절대주의 극한투쟁極限鬪爭에서 벗어나 서로 양보할 줄 안다고 하면 이 호양의 습성이 동시에 중용을 지키는 정신을 불러일으키기에 이른다. 그리고 호양互讓의 습성과 중용을 지키는 정신은 한가지로 토론에서 얻어지는 것인데 이 토론이 동시에 집단적인 정신작업에 있어서 사람들을 훈련시키는 훈련자가 된다. 국왕과 의회 사이 오랫동안의 토의가 의회의 정상한 조직을 가져왔고 정당과 정당 사이의 싸움이 당 내부의 규율과 일련의 의사규정을 가져왔다. 그리고 이것들이 국민 전반의 소유가 되어 공공기관이나 사회단체에 전파되었고 모든 종류의 집회가 여기에 따라가게 되었다. 이 집단 정신 작업의 기풍이 널리 퍼져 도처에서 영국사람의 특성을 드러냈는데 특히 미주의 영국식민지에서 이 작업이 일어나 식민지 입법으로 발전했고, 나중에 이것이 영국 본국으로부터의 독립의 선언 및 그 승리로 이끌었던 것이다.

영국의 경우에는 노동운동조차도 이 같은 합리주의 성질을 띤다. 영국의 노동운동은 언제나 법의 한계 안에서 법을 존중하면서 행해진다. 영국국민의 정신적 유산은 노동운동에까지 침투되어 있다. 따라서 영국의 노동운동은 영국 국민 전반에서 엿볼 수 있는 법의 존중, 토론의 습성 그리고 호양의 정신에 이끌리고 있어 그것이 과격한 거조에 나가지 않는 것이 이 때문이다.

한역(韓域)의 국가사를 보면 다른 지역의 경우처럼 부족국가에서 시작하여 군주국가로 전개되었는데, 중요한 일을 회의를 열어 결정하는 원시사회의 유풍(遺風)이 끊이지 않고 내려왔다. 신라의 '화백(和白)'제도나 조선조의 정치조직은 이 같은 민주제의 유풍을 살린 것인데 통일신라를 거쳐 고려조, 근조(近朝)에 내려오면서 한당의 중앙집권제를 채택하여 왕권이 신장되는 데로부터 귀족군(貴族群)이 일어나고 이들 사이에 당쟁과 세도정치가 생겨 귀족계급의 부패와 국정의 문란을 가져왔다.

신라시대의 화백제도는 육촌부락회의(六村部落會議)의 유제(遺制)로 처음에는 족원들의 회의였는데 뒤에 귀족회의 내지 중신회의(衆臣會議)로 바뀌었다. 화백회의에서는 국왕선거를 비롯하여 선전(宣戰) 기타 중대사건을 논의했는데 한 사람의 반대가 있어도 안 되었고 회의장소로서도 국내의 사성지(四聖地)가 선택되었다고 한다. 조선조에 들어와 세조조에 법전편찬사업으로 경국대전(經國大典)의 편수를 보았는데 이 경국대전은 동방 법체계의 대경으로서 세조조 이후 갑오경장에 이르기까지의 우리나라의 정치생활, 국민생활을 규제해왔다.[18] 이 경국대전에 의하면 중앙의 최고부로 의정부(議政府)가 있고 그 아래 국정을 분장하는 육

---

18) 이병도, 국사대관.

조^{六曹}와 문한 및 논사기관인 홍문관^{弘文館}과, 백관을 규찰하고 풍속교정을 맡는 사헌부^{司憲府}, 왕명에 대한 간쟁논박을 임무로 하는 사간원^{司諫院}을 두었다. 이 밖에 경연회의, 원로회의, 군신회의가 있어, 왕정은 형식상의 전제일 뿐 실제 운용에 있어서는 회의와 여론을 중히 여겨왔던 것이니 이는 원시적인 민주제의 유풍이 자못 뿌리 깊이 후세에까지 내려온 증좌^{證左}인 것이다. 우리나라의 과거의 정치체제는 비록 왕정이라고는 하나 페르시아나 중국에서 보는 제왕전제나 서양근세의 절대왕정 같은 것이 아니고 성군현주를 이상으로 하는 군주·민주혼성제^{君主·民主混成制}인 것이니 그 사람과 운용의 묘를 얻기만 하면 국정과 국민생활에 화협·단결·호양·중의의 기풍을 떨칠 수 있었다. 간혹 독재적인 군주나 권신이 출현하여 제도와 전통을 무시하고 자의적인 정치를 행하는 데 의하여 국정의 경괴^{傾壞} 귀족사회의 부패를 가져와 살벌·당쟁·권모·분열의 풍을 이루어 이 때문에 마침내 국가의 명맥을 끊는 변란을 불러오고야 말았다.

3. 혁명과 전쟁

서양근세사는 개^個의 자각사로 전개되었는데 이 개가 자기를 개인 또는 계급으로 자각할 때 민주운동사 사회운동사로 전개되었다. 그런데 이 개가 자기를 민족으로 자각할 때의 경우가 민족운동사다. 민족주의 민족운동이라는 이 일련의 사태는 19세기에 들어서면서 역사의 하나의 조류를 형성하기에 이르렀다. 이 역사의 조류를 이끈 자가 이탈리아의 마치니(Mazzini)였다.[19] 마치니는 그의 전 생애를 이탈리아의 해방과 통일에 바쳤는데, 이 이탈리아의 해방과 통일이 결국 모든 피압박민족의 해방과 자유로운 국제연합의 형태

---

19) F. Hertze op. cit. pp.384~386.

에 있어서의 인류의 통일을 가져오는 것이었다. 이 같은 목적을 위해서 일생을 통하여 비밀결사와 반항과 혁명의 계획 및 조직에 힘썼다. 그는 그의 생애의 대부분을 영국에서 추방자로 보냈는데 이탈리아의 해방이 성취된 뒤에도 그는 영국사람으로 가장하고 이탈리아를 방문하는 데 그쳤다.

민족은 마치니에 의하면 하나의 종교였다. 그에 의하면 프랑스혁명의 교리인 개인의 인권이나 사회주의자들이 주장하는 물질주의는 인류의 올바른 사회의 기반이 될 수 없는 것이었다. 사회에 대한 개인의 의무는 개인의 권리에 선행하는 것이고 이 같은 의무가 개인을 참된 개인으로 만드는 제약이 된다. 사람은 단순히 자기 자신의 행복이나 자기 하고 싶은 일을 하기 위해서 살아가는 것이 아니고 인류에 봉사하는 그 자신의 무거운 짐을 지기 위해서 살아가는 것이다. 마치니는 새로운 종교를 만드는 일에 헌신했는데 그는 이 새 종교 속에서 인류와 민족이 완전히 조화되어야 한다고 생각했다. 인류의 진보가 그에게는 최종의 목적이었는데 민족은 이 목적을 성취하기 위한 성스러운 도구였다. 인류의 진보는 특수한 사명을 가진 각 민족을 통한 절대자의 자기계시에 지나지 않는 것이었다. 마치니는 민족주의 nationalism과 민족다움nationality를 구별했다. '민족다움'은 모든 민족 사이의 평등과 평화와 우애적인 협동을 의미하는 것이었다. 모든 자유로운 민족들은 눌린 민족들을 도와서 그 자유를 쟁취케 할 의무가 있다고 생각했다. 이 때문에 그는 영국의 고립정책이나 불간섭 정책을 맹렬히 비난하여 물질주의적, 이기적, 근시안적인, 그리고 영국을 삼류국가로 떨어뜨리는 정책이라고 했다. 모든 민족이 해방되기만 하면 그들은 완전한 평화 속에 살게 되고 따라서 지역별 연합과 전체적인 국제연맹을 만들게 될 것이라고 했다.

마치니가 생각한 강대한 국가는 남을 정복하고 지배하는 국가가 아니었다. 그가 원한 것은 민족의 독립을 보장하는 일과 국가의 힘을 인민의 생활과 품위를 높이는 데 사용하는 일이었다. 그는 모든 눌리는 계층에 대한 깊은 동정을 가졌고 이 때문에 사회개혁의 필요와 노동계급이 정치적 세력을 형성해야 할 것을 알았다. 그는 어느 의미에서 사회주의를 주장했다고조차 할 수 있다. 그러나 그는 맑스파의 유물사관과 이와 유사한 사회주의자들의 견해 그리고 계급투쟁설階級鬪爭說에 반대했다. 그는 프랑스혁명마저 인간의 이기심을 불러일으킨 결과가 되어 마침내 역사에서 미끄러졌다고 했다. 이탈리아혁명이야말로 보다 고귀한 이상을 달성할 것이라고 했다. 이 같은 이상을 달성하기 위한 계획의 제일보는 이탈리아의 해방이고, 이것은 그 억압자인 오스트리아와 전쟁을 하게 만드는 것이었다. 이탈리아 인민들은 이탈리아의 해방을 위해서 외국의 세력이나 국왕의 힘을 빌릴 것이 아니고 자기들 자신의 힘에 의해서 이 일을 성취해야 한다고 했다. 이 목적을 달성하는 수단으로 그는 게릴라전쟁을 제안했다. 그에 의하면 민족해방전쟁은 해방을 위한 불가피한 도구일 뿐만 아니라, 민족의 도덕적 갱신을 위한 수단도 되는 것이었다. 이 민족해방전쟁이야말로 이탈리아사람들에게 민족적인 긍지와 아울러 다른 민족으로부터의 존경을 가져다주는 것이라고 했다. 마치니는 1831년 '청년 이탈리아'를 창립했는데 추방자로 스위스에 있으면서 독일과 폴란드의 망명자들과 더불어 청년유럽의 결성에 힘썼다. 이 운동이 널리 전파되어 청년 터키, 청년 중국의 성립을 보아 1830년에서 1848년에 이르는 기간은 이 새로운 민족운동, 민족해방운동의 발효기였다.[20]

근대국가들은 대체로 전쟁에 의해서 형성되었다고 할 수 있는데 때로는 한 세력의 정복에 의해서 때로는 두 세력의 융합에 의해서 이루어진 것이었다. 대다수의 국가들은 커다란 전쟁을 치르면서 그 속에서 자기 자신의 개성을 지워 받았는데 그 민족성이 전쟁에 의해서 크게 영향을 받았다. 국토와 언어, 종교와 문명, 민족의 이해와 명예에 대한 관념, 국가의 기구 및 사회의 구조는 언제나 전쟁의 산물임을 면치 못한다. 대외전쟁은 대부분의 경우 내부의 분열을 막는 치료제로 사용되었다. 수많은 전쟁들이 실상 내부붕괴의 위기를

---

20) H. Kohn, Nationalism. pp.41~43.

벗어나기 위해서 그렇지 않으면 민족공동의 감정을 불러일으킴으로써 갈라진 요소를 하나인 커다란 단위로 이끌기 위해 수행되었다. 전쟁은 그렇기 때문에 민족통일의 위대한 도구라고 할 수 있는데 그것이 한편 민족의 통일을 위협하는 측면을 내포하는 때도 있다. 그 대표적인 실례實例가 영국과 프랑스 사이의 전쟁인 백년전쟁이다. 이 백년전쟁은 아닌 게 아니라 두 나라를 각각 그들의 민족의 융일融一로 이끌었는데 한편 민족적 전통을 한층 더 깊게 하는 면으로도 이끌었다. 전쟁은 대체로 권력의 집중과 군사의 우위를 보여 그 결과 시민의 자유의 제한과 맹목적인 복종을 요구하여 마침내 독재체제에 마치기 쉽다. 한편 전쟁은 광범한 민중의 지지를 얻는 일이 필요한 데로부터 시민의 일반적인 권리와 사회정의를 증진시키는 경향을 가진다. 전쟁은 그렇기 때문에 민주적인 경향과 반민주적인 경향을 아울러 보인다고 할 수 있다. 많은 나라의 경우에 있어서 전쟁은 그 나라의 지배계급의 정신구조를 규정하게 되는데 이 지배계급이 실상 그 나라를 대표하고 또 그 운명을 결정짓는다. 영국의 경우와 대륙의 경우의 차이는 영국의 귀족들은 훨씬 이르게 또 넓은 범위에 있어서 특권 있는 무사계급으로서의 행세를 그만둔 일이다. 영국의 무사들은 십자군의 경우에도 프랑스와 독일의 무사들보다 그 참가자의 수효가 적었다. 영국사람들은 프랑스와의 전쟁이 있기 전에는 비교적 비호전적인 백성이었다. 그들은 프랑스와의 전쟁에 있어서 프랑스처럼 전문적인 봉건군대를 내세운 것이 아니고 시민의 각층으로부터 모아온 의용군을 가지고 싸웠다. 프랑스의 경우에 백성들이 군대와 정부의 자의적인 법령에 의해서 무섭게 눌려 살았음에 반하여 영국백성들은 안전 속에서 살았고 어느 나라 백성들보다도 잘 먹고 잘 입었다.

근세초기의 독일의 혼란은 하나는 인종적 요소의 사나움과 하나는 수많은 주에 갈려 있음과 하나는 그들의 용병제도에서 오는 경향 때문이라고 할 수 있다. 어떤 작가는 말하기를 영국의 국왕은 부자인 것이 특징이고 독일의 황제는 강한 군대를 가진 것이 특징이고 프랑스의 국왕은 인생을 향락하는 것이 특징이 된다고 했다. 이 같은 민족성의 차별상에서 보면 이탈리아사람들은 경제적인 충동 때문에 살아가고, 독일사람들은 민족의 우월감 때문에 살아가고, 프랑스사람들은 지식에 대한 갈망 때문에 살아간다고 할 수 있다. 이 때문에 이탈리아의 경우에는 인민이 우위를 차지했고 독일의 경우에는 무사가 우위를 차지했고 프랑스의 경우에는 승려와 학자가 우위를 차지했다. 각 민족은 많은 장점과 단점을 보이는데, 이것은 주로 민족 본래의 경향과 그 지배계급의 생리에서조차 오는 것이다.

우리 겨레는 그 국토의 위치 때문에 처음부터 이민족과의 관계 이민족에 대한 대항 속에서 자기를 세웠다. 민족과 민족 사이에 주고받는 것이 문화일 것이고 민족과 민족이 서로 겯고트는 것이 전쟁일 것이다. 우리 겨레는 이 문화를 통하여 자기와 남을 높이기를 원했고, 전쟁에 의하여 남이나 자기를 상처 내기를 원치 않았다. 그러나 국초로부터 한족과의 길항拮抗이 벌어져 한무제漢武帝의 동방침략에 의한 한사군漢四郡의 설치를 보았는데 부여와 고구려가 연달아 일어나 이 한의 세력을 내몰기에 힘썼다. 그중에서도 고구려 대對 수당전쟁은 동방전쟁사상東方戰爭史上 특기할 대전쟁으로 꼽히며, 고구려는 이 밖에도 몽고족, 여진족과도 여러 번 싸웠는데 서기 315년에는 구지요동舊地遼東을 탈환하여 요하 이동遼河 以東에서 한족의 세력을 완전히 몰아냈다. 고구려는 이를테면 전쟁 속에서 일어났고 전쟁 속에서 자라나 자기를 동방의 강대국으로 세웠다. 고구려사람들의 웅대, 강건한 기상은 북방민족으로서의 그 기질에서 연유하려니와 간고艱苦한 역사의 시련 속에서 한층 더 단련된 것이라고 할 수 있다. 삼국시대의 세 나라는 세 마리 말이 다투어 앞을 달리는 씩씩한 기상을 보이거니와 그 흥망이 한 가닥 애수를 뿌리는 대로 이 다툼 역시 우리 겨레의 민족으로서의 바탕과 품위를 높이는 데 공헌함이 없었다고 못 할 것이다.

서기 1592년 선조조 때 일본에 항하여 싸운 7년 전쟁과 그 뒤 1627년 인조조 때 청에 항하여 싸운 전쟁이 우리 겨레가 겪은 가장 가혹한 방위전쟁이었는데 이 두 차례의 전쟁은 적도 적이려니와 우리나라의 무비武備의 소홀과 문신들의 당쟁이 이것을 불러들인 것이라고 할 수 있다. 이 두 전쟁은 우리 국토와 역사에 많은 고난을 가져왔는데 민족의 저항정신만은 꿋꿋이 내뻗어 이것이 민족의 단결과 그 불패의 기상을 북돋우는 데 많은 작용을 했다. 이 국란기를 통하여 율곡과 충무공에서 보는 빼어난 정신이 우리 역사의 품위를 높인 것은 전란으로 인해 받은 곤욕을 보상하고도 남는 빛나는 전통이 되는 것이다. 임신壬申의 국란에서 358년이 흐른 1950년 또 하나의 방위전쟁인 한국전쟁이 국제공산당의 불법남침으로 일으켜졌다. 고구려사람들에게서 보인 불굴의 정신이 이것을 이끌어 적의 승산계산을 깨뜨리고 적을 북으로 쫓아 조국과 민주주의를 국제공산당의 침략으로부터 방위해 주었다. 우리가 치른 전쟁은 침략전쟁이 아니고 방위전쟁이었거니와 그리고 이 전쟁은 우리를 불행하게 만들었거니와 한편 우리에게 한층 더 민족과 자유의 존귀함을 알려주고 이렇게 하여 새로운 역사를 담당할 자로서의 우리 겨레의 자격을 높여 주고 있는 것이다.

4. 민족의 고난

서기전 722년 이스라엘은 이미 나라를 남에게 빼앗기고 오랫동안 나라 없는 백성으로 남아있어 문화와 종교로 남아 내려왔다. 그동안 여러 번 민족의 광복을 꾀했으나 번번이 이 희망이 부서지고 오직 신앙에 의한 Messianism으로 전개되어 안타까운 Messiah대망 속에서 신의 권능의 현현만을 기다리는 것이었다. 겨레 위에 내리는 고난이 심하면 심할수록 그들은 신의 선민이라는 의식 아래 굳게 뭉쳐 오로지 신앙에 귀의할 따름이었다. 근세에 들어오면서 아일랜드사람과 인도사람과 한족이 일찍 이스라엘이 겪은, 이민족겸제 아래 있었는데 아일랜드는 잉글랜드사람, 인도는 영국사람, 한족은 오랫동안

청조(淸朝)에 눌렸다. 한 민족이 남에게 눌리면 이 민족의 고난에 의해서 한층 더 그 결속을 굳게 하고 그 단결을 공고히 하여 혹은 정치, 혹은 문화, 혹은 신앙에 있어서 자기를 세우기에 힘쓴다. 나라를 잃고 남에게 눌리는 이 고난이 도리어 민족의 성격을 정순하고 견고하게 만드는 때가 많다. 그런데 한편 민족적 독립을 잃고 남에게 오랫동안 눌리어 있으면서 주권도 회복하지 못하고 문화나 신앙에 있어서 자기를 세우지도 못하고 그대로 내려오기만 하면 이 타율성의 지배는 마침내 그 민족성에 자비·의구·분렬·파쟁·이중인격·외세의존의 좋지 못한 풍습을 덧붙여 놓아 종당 민족 자체의 붕괴에 마친다. 그러나 대체의 경우에는 민족의 맡는 대고난 속에서 숭고하고 정순한 많은 인격과 사건이 터올라 와 이것이 민족성의 새로운 전통이 되기에 이르는 것이다.

헤겔에 의하면 세계사에 있어서 문제가 될 수 있는 것은 오직 국가를 형성하는 민족뿐이다. 그 까닭은 국가만이 자유, 즉 절대적인 구경목적(究竟目的)의 실현이고 따라서 국가만이 자기 자신을 위해서 존재하는 것이 되기 때문이라고 했다. 인간은 그가 갖는 모든 가치, 모든 정신적인 현실성을 국가에 의해서만 갖는다. 그에 의하면 국가야말로 지상에 현존하는 신적 이념이었다. 민족에게는 무론 여러 가지 과제가 있을 수 있는 것이다. 그 생존권의 보장도 한 과제일 것이고, 심령상 발전도 한 과제일 것이고, 민족적 존영도 한 과제일 것이고, 세계문화에 대한 공헌도 한 과제일 것이다. 그러나 이 모든 일은 민족의 국가를 이룸으로 해서 비로소 역사의 면전에서 엮어 나갈 수 있는 것이니 헤겔이 국가를 형성하는 민족만이 세계사에 있어서 문제가 된다고 한 것은 이 때문일 것이다. 민족이 국가를 세우는 것은 역사가 맡기는 책임을 담당하기 위한 하나의 마땅한 태세거니와 국가의 독립을 잃어버린 민족이 이것을 다시 회복하기에 힘쓰는 것은 그 민족으로서는 자기의 삶을 되찾는 일이 된다. 이스라엘이나 그리스나 아일랜드나 인도가 오랫동안의 이민족겸제에서 벗어나 애오라지 주권의 광복을 위하여 싸운 것은 단순히 자기들의 황

금시대를 회고하는 꿈 때문이 아니고 역사 현성의 한 단위로서 당당히 세계사에 참여하기 위한 생생한 현실의 요청이었다. 그러므로 그들은 강권자의 중압에 항하여 가시덤불 위에 수많은 항쟁의 피를 뿌리면서도 이 민족해방을 위한 투쟁을 잠시로 쉰 적이 없이 용감하게 싸워 마쳤다. 18세기를 민주혁명의 세기, 19세기를 사회혁명의 세기라고 하면 20세기는 어느 의미에서 피압박민족항쟁의 세기가 되는 것이다. 아일랜드의 Sin Fein운동, 인도의 국민회의파운동, 중국의 신해혁명, 한국의 삼일운동이 모두 여기에 속했기 때문이다. 19세기 말엽에서 20세기에 걸쳐 미국은 이 같은 민족해방운동 영수領袖들의 집우지集寓地였다. 아일랜드의 떠발레라. 한국의 서재필, 중국의 쑨원 같은 이들이 오래 여기에 체류했고 광복을 위한 전략을 여기에서 세웠기 때문이다.

　민족자결주의는 근대정치에 있어서의 하나의 중요한 교의다.[21] 이 자결주의란 민족이 그 자신의 문제를 결정하는 데 있어서 최종의 권위로서 남의 간섭을 받지 않는다는 것을 의미한다. 그런데 이 같은 원칙은 원칙으로서는 언제나 인정되어 왔는데 그것이 번번이 실시되지 못했다. 민족자결에 대한 요구는 실상 그 민족의 해방에 대한 요구가 된다. 민족자결은 단순히 정치적 자유를 얻는 것으로 끝나는 것은 아니다. 아일랜드사람들의 경우에 그들이 영국의회에 자기들의 대표를 보냈다고 해서 민족자결이 이루어지는 것은 아니다. 아일랜드사람들이 원하는 것은 좋은 정부를 갖는 일이 아니고 자기들 자신의 정부를 갖는 일이다. 이 같은 민족자결원칙은 영토 위에서도 주장된다. 아일랜드의 민족주의자들은 전 아일랜드가 자기들의 자연스러운 국토로서 여기에서 일부가 떨어져 나가서는 안 된다고 한다. 유태사람들 역시 Palestine을 역사적인 이유로 해서 자기들의 국토로 주장하는데 아랍 사람들은 이것을 반대하고 있다. 체코 사람들은 자기들이 다수를 점하고 있는 Bohemia나 Moravia뿐이 아니고 소수밖에 없는 Silesia도 자기의 국토라

---

21) W. Hertz, op. cit. p.240.

고 주장하는데 이때에도 역시 같은 역사적인 이유를 내세운다. 민족자결주의는 그 원칙으로서는 반대할 바 없는데 실제의 적용에 이르러서는 민족의 의사규정에 대한 문제와 그 주장의 근거 때문에 많은 분규를 자아내고 있는 것이다. 그러나 한 민족이 그들의 억압자로부터 해방되기를 원하는 데로부터 민족자결주의가 그들의 해방운동을 지원하기에 이르는 것은 마땅한 이세^{理勢}일 것이다.

영국에게 가장 머리 아픈 문제는 아일랜드다. 아일랜드는 19세기 초 영국의회에 의원을 보내게 되어 있어 영국의 명칭이 대 Britain 및 아일랜드왕국이라고 불렀는데, 아일랜드주민은 Celt족에 속하여 로마 구교를 믿기 때문에 언제나 잉글랜드 및 스코틀랜드 주민으로부터 업신여겨지고 불리한 대우를 받았다. 특히 아일랜드의 동북부 Ulster 지방은 비교적 풍요하고 공업이 성하지마는 일찍부터 잉글랜드사람들의 손에 들어갔고 아일랜드사람들은 서남지방으로 쫓기어 겨우 감자나 심어 먹고 살아갔다. 이 같은 민족상 신앙상의 차이와 경제상의 궁경^{窮境} 때문에 아일랜드사람들과 영국사람들의 사이에는 건너기 어려운 거구^{渠溝}가 그어졌다. 아일랜드 출신 의원들은 영국의회에서 결속하여 여러 가지로 싸웠는데 과격한 일파는 폭력에 나가기까지 했다. 미주에 이주해서 성공한 다수의 아일랜드주민들은 의금^{義金}을 본국에 보내어 자유아일랜드운동을 후원했는데 아일랜드 독립을 위해서 폭력행위도 사양치 않는 과격한 Fenian동포협회가 1856년 New York에서 조직되었다. 제일차대전후 아일랜드는 자유국으로서 1921년 다른 자치령과 동등한 지위를 얻었는데 1931년 독립국이 되어 국명을 에르공화국으로 개칭했다.

아시아 제민족^{諸民族} 사이에도 제1차대전 후 민족자각의 기운이 높아 갔는데 특히 인도의 경우가 한층 더 심했다. 인도는 제1차대전 당시 군대를 유럽에 보내어 연합군에 협력하기까지 했는데 전후 여기에 대한 보수로서 기대되었던 자치조차 실현되지 못하고 하여 국민의 불만이 전 국토에 퍼져나가 반영운동으로 번져나갔다. 이 운동의 중심인물이 간디로서 간디는 영국에 대한 인도인의 불복종 비타협을 성명하여 무저항주의에 의한 반영운동을 전개, 영국에 대한 조세불납 영국 상품을 보이콧하는 수단에까지 나갔다. 그 때문에 영국정부에 의하여 여러 번 체포되었는데 그는 여기에 조금도 굴치 않았다. 간디의 무저항주의는 영국의 탄압이 여기에 내리는 데 따라 지방에 따라서는 폭력주의로 발전되기까지 했다. 나중에는 영국정부로서도 반성하여 인도연방 헌법을 제정하여 1935년 자치제를 시행했는데 제2차대전 후 1947년 인도는 오랜 고난 끝에 독립국이 되어 다른 연방과 동등한 지위에 오르게 되었다.

  우리 겨레의 경우는 처음부터 민족혁명사로 전개되었다. 고구려조가 민족혁명사의 제1기에 속한다. 고구려는 일어날 때 한의 동방침략에 빼앗긴 고지를 회복하기 위하여 부족연맹을 일으켰다. 고구려조의 역사적 책임은 침략자를 물리치고 자기를 회복하는 일이었다. 줄기찬 계획과 내어뻗는 항쟁에 의하여 역사로부터 받은 사명을 달성하는 것같이 보이더니, 왕실의 정권싸움과 귀족계급의 부패로 하여 동방의 막강한 강국이던 고구려는 나당연합군^{羅唐聯合軍} 앞에 쓰러지고 말았다. 이 고구려의 쓰러짐은 그 다하지 못한 책임을 고려에 넘겨준 일이 된다. 고려조가 민족혁명사의 제2기에 속한다. 고려의 웅도는 고구려의 사업을 계승하는 데 있었다. 고려는 그 건국 초부터 이민족과의 복잡한 관계에 들어섰다. 고려는 그 전 기간을 통하여 북토^{北土} 회복을 위한 전쟁으로 시종했다고 할 수 있는데 여진족과의 충돌에서 시작하여 거란과의 10년전쟁, 원과의 40년전쟁, 일본과의 50년전쟁이 그 주요한 것이었다. 고려조의 경괴^{傾壞} 자체 역시 이 북토 회복을 위해서 보냈던 이성계의 회군 때문이었거니와 민족혁명을 위하여 고구려를 날아본 새라고 하면 고려는 그 뜻만을 품고 날지 못하고 기어만 나간 새라고 할 수 있을 것이다. 조선조가 민족혁명사의 제3기에 속한다. 고구려는 웅건하면서 거칠었고, 고려는 웅건하면서 힘이 비쳤고, 조선조는 웅건치도 못하면서 쇠잔했다. 고구려의 다하지 못한 책임을 고려가 다 했어야 할 것이었고 고려의 다하지 못한 책임을 조선조가 다 했어야 할 것이었다. 그런데 그렇지가 못했다. 고구려조이내의 민족혁명은 이제 민족혁명의 뜻마저 잃어버리고 요하이동^{遼河以東}의 고지와 백성을 남에게 빼앗긴 채 지금은 반도마저 허리가 끊기어 임진강 이남의 비좁은 땅에 몰리어 있는 것이다. 한역의 역사는 민족혁명의 꼬리가 빨아온 역사라고 할 수 있다. 1919년의 삼일혁명운동은 민족의 해방운동으로 전개되었거니와 실상은 침략 피침략, 압박 피압박의 사태자체를 역사로부터 지워버리기 위해서 일어난 운동이었다. 삼일혁명운동은 그 당시로서는 민족의 해방을 완전히 전취한 것이 못 되거니와 아일랜드와 인도를 위시한 피압박민족해방운동에 많은 자극을 주어 역사의 방향을 꺾어 돌리는 데 이바지했던 것이다.

고구려의 대 수당전쟁에서 오늘의 한국전쟁에 이르는 우리 겨레가 치른 전쟁은 침략전쟁이 아니고 방위전쟁이었다. 그리고 이 방위전쟁에 있어서 이겨야 할 자, 이기지 못하고 이겨선 안 될 자가 이긴 데 역사의 부조리를 읽을 수 있다. 고구려가 그 고지와 유민을 회복하지 못한 채 쓰러졌고 고려와 조선조 연달아 그 판도가 좁아져 오늘에 보는 간고한 상황 속에 있거니와 한 민족이 민족혁명의 책임을 다하지 못하고 오랜 세월이 흘렀을 때는 민족혁명이 민족혁명으로서의 의의조차 잃어버리고 부질없는 회고적인 꿈이나 넋두리밖에는 더 뵈지 않는다. 민족혁명과 민족의 방위전쟁이 우리 경우에서 보는 대로 승리를 거두지 못한 데는 여러 가지 원인이 있을 것이다. 그러나 그중에 가장 큰 원인은 이것을 수행하는 사람의 건전치 못함이 그 주수^{主首}일 것이니 새로운 민족성을 일으킴이 민족혁명 민족해방전쟁을 승리로 이끄는 첩경이 될 것이다. 우리들은 우리와 같은 많은 고난을 받는 민족이 있음을 알거니와 독립을 위하여 싸운 아일랜드나 인도의 경우, 그리고 통일을 위하여 싸운 이탈리아와 독일의 경우는 그 고난자체가 새로운 민족성의 형성을 위하여 맡겨지는 역사의 긴중한 시련 또는 교훈이 되는 것이다.

부 록

새 조선의 학생에게

1

조선의 4천 년사는 그대로 조선의 젊은이, 배우는 이들의 역사라고도 할수 있습니다. 저 유구하고 또 다난한 기간을 통하여 조선의 젊은 자녀 젊은학도들은 과연 무엇을 생각했고 무엇을 힘썼고 무엇을 쌓아 올린 것이겠습니까. 우리들은 조선역사의 줄기찬 배양을 이루는 조선의 수많은 젊은 혼들의수고와 싸움과 업적을 이기어 헤아릴 길이 없거니와 고조선, 삼국시대, 고려조, 조선조를 통하여 저 연면^{連綿}한 조선의 젊은이의 혼이 혹은 웅대하게 혹은 빼어나게 혹은 용장^{勇壯}하게 때로는 잔잔히 흐르고 때로는 소리쳐 내달려빛나는 혼의 전통을 이루어 온 것을 잊어서는 안 됩니다.

오늘의 조선의 학생, 당신들은 이 빛나는 조선의 젊은 혼의 전통을 넘기어받은 분들이 아니겠습니까. 조선의 국토가 아름답고 그 역사가 끈기 있고 그문화가 빼어났음은 널리 세상에 알려진 바 있거니와 조선의 젊은 혼의 전통이야말로 조선이 세계에 향하여 자기를 자랑할 오직 한 개의 비쳐온 진리이겠습니다.

한 민족, 한 국가에 대하여 그것을 일으킬 젊은이의 책무! 진실로 한없이 크고 깊은 바가 있거니와 오늘까지의 조선에 대하여 이 겨레의 자녀가 지니어 온 임무, 또 오늘부터의 조선에 있어서 이 땅의 자녀가 치러야 할 사명은 한없이 귀하고 한없이 무겁고 한없이 두렵습니다. 몸소 조선의 자녀로 태어난 어려운 여러분은 여러분의 근본임무 또는 사명이 무엇이고 또 그것이 어떻게 힘들다는 것을 생각해 본 일이 있으십니까.

2

저 역사적인 8월 해방이 우리들에게 가져온 감격은 그것을 안아본 자만이 알 수 있고 느낄 수 있는 지고지순至高至順한 것이었습니다. 8월 해방의 감격은 모든 조선 사람에게 일체의 그릇된 이利와 욕慾에서 벗어나 민족 본래의 면목, 인간 본연의 자태에 돌아가기를 가르쳤습니다. 만일 그 첫날의 감격이 다행히 몇 달만, 아니 며칠만 계속되었다고 하면 조선사람은 그 민족성의 면에 있어서 놀랄 만치 중생重生되었을 것이요 겸하여 조선역사는 이 새로운 주체를 만나 거침없이 그 우렁찬 창조 그 눈부신 건설에 내달렸을 것입니다. 그런데 알다시피 이 위대한 감격은 너무도 빠르게, 아하, 너무도 빠르게 우리들에게서 떠나고 말았습니다. 조선사람의 내면생활은 장한 전진으로부터 거듭 반전되었고 이 퇴조기와 함께 사람들의 마음속에는 물러갔던 세력이 한층 더 놀라운 기세로 대어들기에 이르렀습니다. 조선사람의 개인과 민족, 조직과 기구를 좀먹고 헐고 삼키는 저 도도한 탁류는 실상 이 퇴조기에 뒤미처 오는 사나운 물결에 지나지 않습니다. 조선 이성의 혼탁, 조선적인 덕의德義의 전락이 해방 후인 오늘에 있어서 보다 더 심한 적이 있었습니까? 오늘의 조선에 있어서 가장 시급한 일은 이 그릇되고 병든 조선의 현실을 바로잡는 일이겠습니다. 이 그릇된 현실이 근본적으로 개변되지 않는 한 조선국가의 재건은 한낱 명색에 그치고 조선 문화의 부흥은 변덕스러운 표정에 지나지 못합니다. 우리들은 이 그릇된 현실이 오늘의 조선에 나타나기에 이른 연유가 진실로 단순하지 않음을 알거니와 그것이 하나의 현실적이고 치명적인 병인

한에서 우리들은 이제 이것을 다스리고 이것을 없애고 이것을 떼어버리기에 힘쓰지 않아서는 안 됩니다. 이 '현실을 개변하는' 기초공사를 어디서부터 또 어떻게 시작한다고 보십니까.

모든 현실적인 운동은 그 중심이 있고 주류가 있는 법입니다. 역사에 있어서의 운동인 경우에 더욱 그렇습니다. 조선의 병든 현실을 바로잡는 운동의 중심 또는 주류를 무엇이라고 생각하십니까. 조선의 젊은 자녀, 특히 젊은 학도가 마땅히 그 기체基體가 되고 그 중추가 되고 그 지반이 되어야 합니다. 조선의 역사적인 정신을 북돋우고 그 민족적인 생명을 일으킬 자는 진실로 당신들 조선의 젊은 혼의 전통의 계승자들이기 때문입니다.

<h2 style="text-align:center">3</h2>

당신들 조선의 오늘의 젊은 학생들의 기풍이 매우 썩었다는 말이 들립니다. 아마 이 말이 전연 사실을 굽힌 말이거나 없는 것을 지어낸 말은 아니겠습니다. 하기야 어지럽고 썩은 물결이 앞마당에 들어오고 안뜰에 들어오고 마침내 방안을 휩쓸 때 그 속에서 걸어 돌아가는 어린애의 손이나 발 다리나 옷을 그대로 남겨둘 까닭이야 있겠습니까. 그런데 조선사람의 상하가 흐렸으니 학생도 흐렸다는, 이 지극히 심상해 보이는 또 어떻게 보면 마땅한 것같이도 보이는 하나의 사실은 우리들에게 무엇을 시사하는 것이겠습니까.

나는 이제 잠깐 말을 돌려 오늘의 조선학생의 근본사명이 무엇인가 하는 데서부터 이야기를 시작하려고 합니다. 참 당신들 오늘의 조선학생들의 근본사명이 무엇이겠습니까. 당신들 가슴속에는 장차 자기가 커서 어떤 인물이 되겠다는 어렴풋한, 경우에 따라서는 어느 정도 선명한 생각이 있을 겁니다. 이러이러한 사람이 되어서 이러이러한 일을 하겠다고. 그래서 말하자면 그 준비를 또는 그 자격 그 실력을 닦기 위해서 지금 학교에서 공부하는 것이라고.

그렇다고 하면 당신들에게는 배우는 일보다 결국 이러이러한 사람이 되겠다는 것이 중요한 일이 아닐 수 없습니다. 배우는 일이란 구경究竟, 이러이러한 사람이 되는 한 방편이요 그 길에 의해서 자기가 지향한 목적에 도달하려고 하기 때문입니다. 그런데 이러이러한 사람이 되어서 이러이러한 일을 한다는 것은 당신들에게 있어서 어떤 뜻을 가지는 것이겠습니까. 이를테면 의사가 되어서 병을 고친다든가 학자가 되어서 논문을 쓴다든가 재판관이 되어서 재판을 한다든가와 같은, 지금은 배우는 일이 준비요 수단이고 이러이러한 사람이 되는 것이 목적이요 이상이거니와 일상 이러이러한 사람이 되었을 때 당신들은 구경究竟의 목적에 도달한 것이겠습니까. 당신들 한 사람 한 사람의 최후의 목적, 최후의 임무는 의사가 되고 학자 또는 재판관이 되는 것으로써 끝나는 것이겠습니까. 설혹 당신들 중에 누구 한 사람이 의사 되는 것이 일생의 원願이고 의사가 되기만 하면 그만이다, 의사가 되는 것이 내 최종 최후의 목적이다, 의사가 되면 나는 안심입명安心立命, 의사로서 일하고 의사로서 고생하다가 의사로서 일생을 마치겠다고 하는, 말하자면 의사지상주의자醫師至上主義者가 있다고 하고 또 그대로 된다고 하더라도 그것은 결국 의사가 되고 싶어 하는 분에게 있어서만 그런 것이요, 의사가 되고 싶지 않은 다른 분에게까지 의사가 절대구경絶對究竟의 목적이 되는 것은 아니겠습니다. 그렇다고 하면 이 의사니 학자 또는 재판관이니 하는 것은 절대의 목적이 된다고 하더라도 한 사람 한 사람에 있어서의 절대의 목적이요 만인에게 있어서 한가지로 절대의 목적이 되는 것은 아니겠습니다. 그런 까닭에 의사가 된다거나 학자 또는 재판관이 된다거나 하는 것은, 말하자면 개별적인 분열된 목적이요 보편적인 하나인 목적은 되지 못합니다. 그럼으로써 이러이러한 사람이 되겠다는 것은 이러이러한 사람의 내용이 한 가지가 아닌 한에서 당신들 한 사람 한 사람의 목적은 될지언정 당신들 여러 사람의, 말을 바꾸면, 오늘의 조선의 학생 전체의 일반적인, 따라서 원리적인 목적은 되지 못합니다.

<h2 style="text-align:center">4</h2>

오늘의 조선학생의 근본 목적은 무엇이겠습니까. 오늘의 조선학생은 무엇

을 위하여, 무엇 때문에, 또 무엇을 하기 위해서 배우는 것이겠습니까. 우리들은 앞에서 단순히 이러이러한 사람이 되겠다는 것이 조선학생의 구경의 목적이 아님을 보았습니다. 오늘의 조선학생이 한가지로 거기를 지향하고 서로 이끌어 나아가야 하는 근본방향 또는 구경의 목표란 무엇이겠습니까. 오늘의 조선학생은 첫째 자기를 조선사람으로 자각해야 합니다. 조선학생이 무엇을 할 것이냐는 결국 조선이 무엇을 할 것이냐에 의하여 규정되기 때문입니다. 조선의 학생이 조선의 '학생'인 점에서 영국학생이나 중국학생과 다를 바 없거니와 어디까지든지 '조선의 학생'의 점에서 조선학생 아닌 학생과 구별되는 징표와 임무를 가집니다. 영국이나 중국의 나아가는 길이 실상 영국학생이나 중국학생의 나아가는 길인 것과 같이 조선의 나아가는 길이 그대로 조선학생의 나아가는 길이 아닐 수 없습니다. 만일 조선의 나아가는 길과 조선학생의 나아가는 길이 따로 있고 또 따로 있어서 마땅하다고 하면 이때 조선은 조선학생의 조선 되기를 그치든가 그렇지 않으면 조선학생은 조선의 조선학생 되기를 폐기하지 않아서는 안 됩니다. 그런데 이 두 가지 일은 있을 수 없고 또 있어서는 안 됩니다. 물론 조선의 나아가고 있는 길이 조선학생의 나아가야 할 길을 막고 조선학생의 나아가고 있는 길이 조선의 나아가야 할 길을 방해할 때는 있겠습니다. 그러나 그렇다고 해서 조선의 나아가는 길과 조선학생의 나아가는 길이 따로 있어야 하고 더욱이 조선의 나아가야 할 길과 조선학생의 나아가야 할 길이 갈려야 한다고 해서는 못씁니다. 왜 그런고 하니 조선의 나아가는 길이 다 그대로 조선학생의 나아가는 길이요 조선학생의 나아가야 할 길이 다 그대로 조선의 나아가야 할 길이기 때문입니다. 조선학생이 무엇을 할 것이냐는 이러므로 조선이 무엇을 할 것이냐에 의하여 규정됩니다. 그런데 조선이 무엇을 할 것이냐는 이제 다시 무엇에 의하여 또 어디로부터 규정되는 것이겠습니까. 조선의 나아가는 방향은 아시는 바와 같이 한 사람이나 두 사람의 머릿속에서 작정되는 것은 아닙니다. 그리고 이 한 사람 또는 두 사람이란 것이 조선사람이거나 조선사람 이외의 사람이거나에 따라 기본사실에 차이를 가져오는 것도 아닙니다. 그렇다고 해서 조선의 나아가는 방향이 공중空中으로부터 갑자기 떨어져서 알려지는 것도 아니겠습니다. 조선의 나아가는 길을 규정하는 것이 다름 아닌 조선의 역사적인 현실입니다.

그리고 이 역사적인 현실에 의거하여 조선의 역사적 사명이란 것이 정립되기에 이릅니다.

조선의 역사적 사명, 이것이 다름 아닌 조선사의 과제인 이념입니다. 조선이 무엇을 할 것이냐는 이 조선의 역사적 사명 또는 조선사의 이념에 있어서 뚜렷이 보였다고 할 수 있습니다. 조선학생이 자기를 조선학생으로 자각하는 길은 다름 아닌 이 조선의 역사적 사명을 자각, 실천하는 길에 지나지 않습니다.

오늘에 있어서의 조선의 역사적 사명은 아시다시피 조선국가의 재건과 조선 문화의 부흥입니다. 이 두 가지는 서로 하나가 하나를 기다리거니와 이 두 가지인 하나 또는 하나인 두 가지가 현대의 조선의 예어야 할 역사적인 행정行程입니다. 이러므로 조선사람 된 자는 그가 조선사람 되기를 그치지 않는 한에 앉으나 서나 자나 깨나 이 엄숙한 역사의 명령 속에서 살고 일하고 또 죽지 않아서는 안 됩니다. 조선의 어여쁜 자녀인 당신들 가슴속에 아까 말씀드린 대로 장래에 대한 어렴풋한, 또 경우에 따라서는 자못 강렬한 희망이 있고 그것이 다시 구체적으로 이러이러한 사람이 되고 싶다는 아름다운 꿈이 되어 당신들의 시야를 높이고 그 정열을 자어치는 것이 결코 부질없는 일은 아닙니다. 의사가 되고 싶은 사람은 의사, 학자나 재판관이 되고 싶은 사람은 학자 또는 재판관이 되어서 좋습니다. 문학으로 나아가고 싶은 사람은 문학, 정치나 경제로 나아가고 싶은 사람은 정치나 경제로 나아가서 일향 무방합니다. 조심스럽게 자기 자신의 개성을 돌아보고 총명하게 시대와 환경을 살펴 한 개의 구체적인 방향 및 현실적인 영야 속에서 자기를 건립발견, 형성, 주장하는 것은 진실로 마땅한 또 아름다운 일이 아닐 수 없습니다. 우리들은 실상 한 개의 구체적인 면, 구체적인 일감을 통해서만 조선의 역사적인 행정에 참가하게 됩니다. 아무런 사람도 되지 않고 아무런 일도 하지 않고 그대로 조선을 위하겠다, 이런 이는 개인이 역사에 있어서 가지는 현실적인 면에 대하여 지극히 어두운 분이라고 아니할 수 없습니다. 당신들은 당신들이 장차 되고 싶은 사람이 되어서 좋고 당신들이 커서 맡고 싶은 일을 맡아서 좋습니다. 그런데 꼭 잊어서 안 될 일 한 가지는 아무런 사람이 되고 아무런 일을 맡고 간에 그 사람 그 일이 조선을 해(害)하는 사람, 조선을 해할 일이 되어서는 안 됩니다. 말을 바꾸면 조선의 역사적 사명 또는 조선사의 이념에 어긋나는 길에 떨어져서는 안 됩니다. 조선학생의 나아가는 길은 처음에서 끝까지 이 조선의 나아가는 길에 귀입귀환(歸入歸還)해야 할 것이기 때문입니다.

5

오늘의 조선학생은 둘째 자기를 조선학생으로 자각해야 합니다. 조선의 역사적인 사명은 조선사람 전체에게 내려지는 과제요 요청입니다. 오늘에 있어서의 조선국가의 재건, 조선 문화의 부흥은 진실로 우리 겨레의 기본 의무입니다. 조선사람 된 자, 이 민족적 책무에 있어서 선후, 경중의 차이가 있을 리 없습니다. 그렇다고 하면 조선학생이 그 나아갈 길을 조선의 나아갈 길에서 찾았다고 해서 이것은 말하자면 자기의 근원에 돌아왔다 할 뿐이요 아직 구체적인 자기의 유상(流床)에 내달리지 못한 것을 의미합니다. 조선의 할 일이 그대로 조선학생의 할 일이거니와 조선학생의 할 일은 조선의 할 일의 한 개 현실형태가 아닐 수 없습니다. 조선학생의 나아갈 길은 조선의 나아갈 길 속에서 이제 어떤 모양으로 자기를 구체화하는 것이겠습니까.

조선의 학생은 조선의 젊은이 특히 배우는 이로서 자기를 그렇지 못한 이들로부터 구별합니다. 나는 앞에서 조선의 젊은이의 혼의 우렁찬 전통을 이야기한 바 있거니와 민족이나 국가에 있어서 젊은이들의 차지하는 지위 및 그 의의에는 진실로 헤아릴 길 없이 영원한 바가 있습니다. 민족 및 국가가 일어날 때 그 젊은이들이 일어나는 것이 아니고 젊은이들이 일어나면서 그 민족 그 국가가 일어나고 민족 및 국가가 쓰러질 때 젊은이들이 쓰러지는 것이 아니고 젊은이들이 쓰러지면서 그 민족 그 국가가 쓰러집니다. 그러므로 지도자가 썩었거나 민중이 썩은 민족이나 국가는 있을 수 없거니와 젊은이들이 전체로 썩어버린 민족이나 국가도 있을 수 없습니다. 왜 그런고 하니 젊은이란 그 민족 그 국가의 근간이요 배량背梁이기 때문입니다. 조선의 학생은 민족에 있어서의 젊은이 배우는 이의 지위와 사명에 비치어 민족 및 국가의 전위대로서의 무거운 임무를 맡기에 이릅니다. 조선의 학생은 한갓 민족의 전위대에 그치는 게 아니고 오늘의 조선학생은 오래지 않아 민족 및 국가의 골격을 이룰 기간基幹입니다.

　우리민족의 해방이 늦어진 것과 또 해방 후의 민족국가의 건립이 더딘 주요한 원인이 민족적 체재體裁가 짜이지 못한 데 있다고 하거니와 민족적 체재란 구경 인재구성 특히 간부구성을 말하는 것으로서 민족의 주체적 역량의 근간인 인재의 양과 질, 그 조직이 견고 또 강인하지 못하였다는 것을 지적하는 데 지나지 않습니다. 한 민족의 의와 권리를 보호하고 그 자신의 역사적 사명을 수행, 성취하기 위해서는 무엇보다도 먼저 청신 또 웅건한 중심이 있어야 하나니 오늘의 조선에 있어서의 젊은이 학생의 지위가 다름 아닌 이 민족적 중심을 형성하는 것입니다. 해방 후의 조선사람의 질서와 덕의의 퇴폐는 진실로 놀랄 만한 것이 있거니와 또 이 그릇된 경향이 하루하루 민족의 상하생활의 내외로 휩쓸려 마침내 민족정신의 근간을 삼키려는 데까지 미쳤거니와 이 도도한 탁류에 항하여 민족을 저 정신적 전락의 구렁에서 구원하고 국가를 역사의 새로운 의의 지반 위에 세울 자 과연 누구겠습니까. 오늘의 조선에 있어서 정치, 경제, 문화, 국방 그 어느 하나 급하지 않은 것이 없거니와 이것을 지금까지의 썩은 공기 속에서 이끌어내어 청상淸爽 숭엄한 대기 속에 올려야 하는 새로운 민족적 기상의 작흥作興이 가장 시급한 근본적인 요청이 아닐 수 없습니다. 그런데 이 만신천창^{滿身千創}인 불행한 환자의 혈관 속에 새로운 핏줄기를 부어넣어 그로 하여금 힘과 의를 회복하여서 자기의 역사적인 책임을 담당하고 아울러 세계사를 그 본연의 이념 및 방향으로 향도하게 만들자는 다름 아닌 당신들 새 조선의 자녀들입니다. 당신들은 분명히 새 조선을 적실 저수지요 새 조선을 수호할 방파제이거니와 그렇기 때문에 당신들 조선학생의 한 사람 한 사람의 어깨 위에는 오늘의 조선민중의 교육자로서의 무거운 책임이 놓여 있는 것입니다. 민족에 대한 부단한 교육자, 이것이 당신들 조선학생의 학생으로서의 기본임무의 하나입니다. 당신들의 일거수일투족, 그 조그만 태도 하나, 그 예스러운 말 한마디는, 진실로 새로운 조선을 일으켜야 하는 무한한 뜻과 빛과 감격을 감추어야 하고 또 그것이 민족의 생활면에 있어서 그릇된 조선사람을 그 타천^{惰賤}에서 불러일으키는 우렁찬 경종, 빛나는 봉화가 되어야 합니다. 오 년이나 십 년 후에 당신들은 민족적 및 국가적 활동의 기본 영역에 있어서 총명한 지도자가 되어야 하거니와 배우는 지금에 있어서는 민족의 생활의 면 특히 그 덕의와 양식과 질서와 교양의 면에 있어서 당신들 한 사람 한 사람은 열을 일으키고 백을 일으키고 천만을 일으키는 생활에 있어서의 지도자, 정신에 있어서의 지도자가 되지 않아서는 안 됩니다.

6

오늘의 조선학생은 셋째, 자기를 다름 아닌 오늘의 조선학생으로 자각해야 합니다. 오늘의 조선학생이 자기를 오늘의 학생으로 자각한다는 것은 무엇을 의미하는 것이겠습니까. 조선학생이 자기들의 나아갈 길을 조선의 나아갈 길 속에서 찾아낸다는 것은 조선 역사적 사명에 돌아온다는 것이었습니다. 그리고 조선학생이 자기를 조선의 젊은이 배우는 이요 깨닫는다는 것은 민족의 운명을 좌우하고 그 영예를 보장할 민족의 중심 또는 심장으로 자기를 발견하는 것이 있습니다. 그런데 오늘의 조선학생이라고 할 때 오늘의 조선학생에 있어서의 이 '오늘'이란 어떤 것이겠습니까. 이 '오늘'이란 물론 오늘의 조선의 '오늘'이요 오늘의 세계의 '오늘'이거니와 그렇기 때문에 오늘의 조선의 '오늘'은 오늘의 조선학생의 '오늘'이요 오늘의 세계의 '오늘'은 오늘의 세계학생의 '오늘'이겠습니다. 오늘의 조선학생이 오늘의 세계학생에 대하여 어떤 지위에 서 있는 것이겠습니까.

이 조선 및 세계 자세히는 현대의 조선사 및 현대의 세계사에 대하여 나는 여기서 자세한 분석과 긴 서술을 피하려고 하거니와 한마디로 말하여 후진성, 이것이 오늘의 조선이 오늘의 세계에 대하여, 따라서 오늘의 조선학생이 오늘의 세계의 학생에 대하여 가지는 거리 또 징표가 아니겠습니까. 오늘의 조선학생이 자기들에게 있어서의 이 '오늘'의 계기를 깊이 반성하는 한에서 오늘의 조선학생은 자기들이 분명히 민족으로서가 아니라 세계로서 인간으로서가 아니라 학도로서 오늘의 다른 나라의 학생들에게 비하여 많이 떨어졌다는 것을 자인하지 않아서는 안 됩니다. 중국학생 또는 조선학생에 있어서 이른바 사상의 혼란이, 물론 그 정치적 이유에서도 이거니와, 이 학생으로서의 후진성에서 온다고 보아서 어떻겠습니까. 어제 오늘 진실한 조선학생들 사이에 우리들은 먼저 배워야 한다, 먼저 알아야 한다, 바로 알고 나서 작정해야 한다, 이런 경향의 싹이 트고 있는 것은 오늘의 조선학생의 자각 및 성장을 위해서 진실로 경하할 일입니다.

오늘의 조선학생은 참되게 배우고 바로 알고 깊이 생각함으로써 그리고 헛되이 남의 세계 속에서 살 게 아니라 가난한 대로 자기 자신의 인생관 세계관을 확립, 파지把持하는 데에 미쳐 비로소 지금과 같은 옅은 사상의 혼란에서 벗어나게 될 것입니다. 공부는 나라 찾아 놓은 다음에 하자, 이런 말들을 하는 분이 있는 모양이거니와 이분들은 나라 찾는다는 것은 마치 잃었던 물건 찾는 모양으로 생각하는 모양이거니와 이 나라를 찾고 나라를 세운다는 일의 구체적인 내용이 얼마나 넓고 크고 또 힘들다는 것을 깊이 생각하려고 하지 않는 모양입니다.

나라를 찾는다는 말부터가 좀 이상하거니와, 글쎄 남에게서 찾는다고 하더라도 찾았다가 다시 빼앗길 정도로 찾는다고 하면 이것은 실상 찾는 것이 아니고 더 세차게 빼앗기는 일에 지나지 않습니다. 나라를 세우는 일과 공부하는 일은 서로 이런 일이 아닙니다. 국가를 세우는 일과 문화 및 교육을 일으키는 일은 결코 서로 갈려서 지탱될 수는 없습니다. 공부를 떠나서 나라를 세워야 하고 나라 세우기를 그치고 공부에 몰두한다고 하면 이것은 극히 평면적인 국가의 조성이거나 그렇지 않으면 심히 병든 진리의 탐구라고 아니할 수 없습니다. 오늘의 조선학생에게 있어서는 오늘의 조선학생으로서의 민족적이고 역사적 사명에 비치어 그 정성을 다하고 힘을 다하고 뜻을 다하여 오로지 바로 배우고 정성스럽게 닦아 나아가 자기를 민족의 전위대 간부 및 교육자로 축성(築成)하는 데만 있어서 민족 및 국가에 이바지하게 되고 따라서 진정한 애국자 애족자가 될 수 있기 때문입니다.

7

친애하는 새 조선의 자녀 여러분 나는 당신들이 첫째 자기를 조선사람으로 깨닫고 둘째 자기를 민족의 심장으로 만들고 셋째 자기를 다른 나라의 학생에 비하여 떨어지지 않는 진정한 진리의 사도에 높이기를 부탁했습니다. 지금으로부터 2천4백 년 전 그리스의 위대한 정신적 지도자 '소크라테스'는 그때의 아테네의 청년들을 향하여 먼저 자기 자신을 알아야 한다고 가르쳤습니다. 인간이 인간자신을 알기란 어느 의미에 있어서 구원(久遠)한 과제이기도 하려니와 그렇기 때문에 그것이 도리어 가장 근본적이고 구체적인 과제가 되는 것이 아니겠습니까.

오늘의 조선학생에게 있어서 가장 큰 과제는 이 자기 자신을 아는 일입니다. 조선학생의 그 민족적 본질을 알고 그 역사적 사명을 알고 그 세워야 할 이상 그 닦아야 할 생활 그 찾아야 할 양식이 무엇인지를 알고 조선학생이 자기 자신의 근본 얼굴에 돌아오고 자기 자신의 기본임무를 깨닫는 것이 다름 아닌 조선학생으로서의 수학정신修學精神의 확립입니다. 오늘의 조선학생들 사이에 침윤되기 시작한다고 하는 저 비뚤어진 또 퇴폐된 경향은 실상 이 조선학생으로서의 근본정신을 세우지 못한 데로부터 오는 징후이요 발열인 것이 아니겠습니까. 오늘의 조선학생은 이 소란한 현실 속에서 구경 무엇을 해야 할 것이겠습니까. 이것은 오늘의 조선이 무엇을 해야 할 것인가의 역사적이고 실천적인 '물음'이 돌아갑니다. 오늘의 근심스러운 조선 속에서 조선의 귀여운 자녀인 당신들은 과연 무엇을 해야 하는 것이겠습니까. 오늘의 어두운 세계사 속에서 오랫동안 그 속에서 흔들린 우리들의 조국, 조선은 과연 무엇을 해야 하는 것이겠습니까.

《경희》 창간호, 1948. 12. 20, pp.4-12

한국혁명과 도덕

갑신정변 이후

　갑신정변 이후로 나라를 근대적인 민주공화국으로 재건할 귀중한 기회가 우리에게 크게 세 번 맡겨졌다. 1896년의 독립협회운동 당시와 1919년의 삼일운동 당시와 그리고 1945년의 민족의 해방 당시이다. 그런데 우리들은 우리들 자신의 무능력과 게으름으로 하여 세 번씩이나 맡겨진 이 역사적인 기회를 헛되이 놓쳐버리고 말았다. 그랬는데 이 박사를 물리친 사월혁명이 있던 이듬해인 1961년 5월에 오월군사혁명이 일어났다. 혁명군은 장면張勉 정권의 삼부를 접수하면서 민의원, 참의원, 지방의회의 해산을 선포했고 뒤이어 혁명위원회를 국가재건최고회의로 개칭, 박정희朴正熙 의장 지도 아래 민족중흥을 위한 혁명정책을 과감히 획정 실시하여 오늘에 이르고 있다. 오월군사혁명은 이것이 다시 광범한 국민혁명으로 전개되면서 한반도와 아시아를 아울러 구원할 신동방혁명新東方革命으로 번져 나아가고 있는 것이다.

한국 민주주의

사월혁명 및 오월군사혁명은 단순한 한때의 학생항거나 군부쿠데타가 아니고 동방 민주주의의 성스러운 파종인 독립협회운동에서 그 근원을 발한 한국 민주주의 혁명의 연맥인 것이니, 같은 민주주의혁명이면서 프랑스혁명이 정치혁명, 산업혁명이 경제혁명인 데 반하여 한국혁명이 단순한 제도의 혁명을 넘어서는 데 혁명사에 있어서 가지는 웅심한 뜻이 있다고 할 것이다. 한국혁명이 그 놀라운 불꽃을 올린 1960년대에 있어서 역사는 이미 그 광정匡正을 위하여 제도나 체제의 변혁만 가지고는 들어먹지 않는 새로운 단계에 돌입하고 있는 것이다. 제도의 혁명이 아니고 이것을 바꾸는 자를 바꾸는 혁명—이것이 한국혁명의 혁명사상에 있어서의 지위, 따라서 한국혁명의 고난, 형극 및 광영인 것이다. 한국혁명은 단순히 제도나 정책이나 영수만이 바뀌는 혁명은 아니다. 한국혁명은 안으로 민족의 참된 독립을 보존하고 밖으로 세계사를 올바른 방향으로 전회시키는 혁명인 것이니 정권 담당으로 만족하는 것이 아니고 개혁자로서의 투지와 순교적인 정열과 역사의 대소명의식에 이끌리는 것이 이 때문인 것이다.

현세기의 혼명混冥

현세기의 역사가 뚫고 나가야 할 암벽 둘이 있으니 하나가 국제공산당의 침공, 하나가 민주진영 자체 내의 심한 도덕적 부패다. 국제공산주의와 도덕적 부패, 이 두 가지는 실상 서구 물질주의 풍조의 내어뿜는 색다른 진물에 지나지 않는 것이니, 이 혼명混冥, 이 탁류가 타도 소청되기 전에 민족의 독립, 인권의 보장, 무산계급의 해방, 국제평화, 원자력의 평화적 전용은 있을 수 없는 것이다.

한반도의 조광照光

현세기의 혼명을 걷어치울 역사의 새로운 조광이 유럽, 중동, 미 대륙에서 올라올 것같이 보였다. 그런데 저들의 경우에 있어서 암흑이 암흑을 이끌고 안개가 안개를 불러, 갈수록 음산한 바람 속에 휩쓸리는 동안 동방의 반도 한반도의 창공 위에 1960년 4월, 1961년 5월 두 차례에 걸쳐 마침내 역사 전회의 대업을 시작하는 한국 민주주의 혁명의 놀라운 불꽃이 올라간 것이다. 이 한반도의 창공에 올라간 역사의 조광은 이제 그 자신의 암흑을 서북과 남으로 밀어제치면서 그 줄기찬 편광을 세계의 구석구석에 보내고 있다. 고난과 비극의 국토인 한반도가 이제 일어나 승리와 영광의 역사를 민족의 이름 아래 세계의 면전에서 당당히 엮을 때가 돌아온 것이다. 그런데 이 민족 중흥 역사의 전회의 대창업을 위해서는 제도와 조직과 정책과 동원도 시급하려니와 여기에 앞서 한 사람 한 사람 한 가정 한 가정을 연결하는 견강한 도덕 전선이 먼저 결성되어야 한다. 우리들의 본래의 문제는 정치문제도 경제문제도 교육문제도 아니고 밑바닥에 있어서 도덕문제다. 도덕적 건전함이 정치적 건전, 경제적 건전에 선행함을 알아야 할 것이다. 현재의 세계의 위기는 민족적 위기이고 국제적 위기이고 간에 구경에 있어서는 개개인의 마음가짐, 몸가짐에서 오는 위기인 것이다. 우리들 한 사람 한 사람의 성격, 심정, 사고방식, 작풍이 오늘의 저 인류의 운명을 삼키는 모든 붕괴의 근본 원인인 것이다.

역사의 전회

한반도의 해안에는 수백 년, 수천 년 동안 가실 줄 모르는 썩은 물결이 밀려 올랐다. 허영, 모략, 탐욕, 분쟁, 증오, 사대주의, 보복, 아첨, 매관매직,

세도, 관존민비, 강압, 비굴, 면종복배주의, 이 오랫동안 형세를 떨친 미친 물결이 1960년 4월 위대한 학생항거에 의하여 인천 앞바다로 멀리 쫓겨 나가는 것같이 보였다. 그랬는데 칠월의 총선거를 거쳐 민주당의 집권을 보면서 나갔던 물결은 다시 밀려들기 시작하여 사월혁명의 한 돌을 맞는 1961년 4월에 접어들면서 되살아 올라온 오랜 탁류는 민족의 운명 위에 그 무서운 아가리를 벌리고 대드는 것이었다. 다행히 오월 군사혁명에 의하여 사월혁명의 본래의 방향이 회복되면서 독립협회의 정신이 올바로 계승되어 여기에 장엄한 한국 민주주의 혁명의 연맥이 솟구쳐 오르기에 이르렀다. 목숨을 민족의 해방, 정부수립, 한국전쟁, 한국 민주주의 혁명의 벅찬 역사의 전진 속에 받은 우리들은 이제 일어나 한민족 본래의 천성인 헌신과 덕의에 돌아감으로 하여 자기 스스로를 새 나라 백성 새 역사의 백성으로 굳건히 꺾어 돌릴 때가 돌아온 것이다.

한반도

　푸른 하늘빛 아래 아름다운 산과 들이 펼쳐지는 이 땅, 아늑한 산골짝 아담한 동리에서 저녁연기가 올라가는 이 땅, 국조 단군이 나라의 터전을 열었고 삼국이 세 마리 말인 양 달려 나간 이 땅, 동명성왕과 세종대왕이 고심 경영한 이 땅, 원효와 의상과 율곡과 충무공과 이준과 도산의 나라인 이 땅, 그리고 수많은 예사로운 지아비와 지어미가 그들의 고난 어린 생애를 바친 이 땅, 만일 저들이 저들의 목숨을 바쳐 이 국토 이 백성의 전통을 지켜 내려올 보람이 있었다고 하면 저들의 유업을 이어받아 몸을 나라에 바치고 덕을 천하에 폄은 저들의 후예인 우리들의 마땅한 의무요 권리인 것이다.

I. 내 고장

1. 내 고장 내 향토의 존엄스러움을 알도록 해야 한다.

2. 내 고장 내 향토의 풍토와 전통을 존중하여 별 까닭 없이 집을 옮기거나 고향을 떠나거나 하지 말아야 한다.

3. **내 고장 내 향토를 끝까지 지키고 또 인정 두터운 마을로 만드는 것은 나라에 대한 가장 긴중한 의무다.**

4. 내 고장의 산과 들, 숲과 시내를 언제나 아끼고 사랑하여 조금이라도 그 자연의 아름다운 모습을 상하는 일이 없어야 한다.

5. 내 고장의 명승^{名勝}, 사찰, 기념물에 대하여는 언제나 그 보존, 관람, 사용, 청결에 유의하여 조금이라도 훼손되는 일이 없게 해야 한다.

6. 내 고장의 공공시설, 원유지 같은 곳의 사용에 관하여는 일정한 절차와 질서를 유지하도록 하고 이것을 어지러운 놀이터나 유흥장소로 만드는 일을 삼가야 한다.

7. 내 고장의 묘지는 그 주위, 환경, 통로를 아름답게 가꾸고 그 앞을 지나다닐 때는 언제나 경건한 태도를 지니도록 해야 한다.

8. 산에 올라가 나무를 베거나 함부로 나뭇가지를 따서는 못쓴다.

9. 꽃가지나 단풍 가지를 꺾어서는 안 된다.

10. 못이나 논바닥에 장난으로 돌이나 흙덩이를 집어던져서는 못쓴다.

11. 길을 질러간다고 해서 남의 밭이나 마당귀를 마구 통행해서는 안 된다.

12. 내 고장에 오래 전해 내려오는 풍습은 이것을 존중하도록 하고 그것을

고치거나 걷어치우거나 할 때는 깊은 생각과 조심하는 태도로써 해야 한다.

13. 내 고장의 순후(醇厚)한 풍과 어진 습속은 이것을 보존하고 가꾸기에 힘써 이 눈에 보이지 않는 유습유풍(遺習遺風)이 향토의 품위를 높이는 데 이바지하는 바 큰 것을 생각해야 한다.

14. **퇴폐적인 유행가, 사치, 음란, 도박, 방탕, 그 밖에 경박한 기풍이 내 고장에 들어오는 것을 견결히 막아야 한다.**

15. 이웃의 환난을 서로 돕도록 하고 이것을 통하여 인정의 아름다움을 뿌리깊이 가꾸어야 한다.

16. 자기 문중(門中)의 화목을 두텁게 하는 것은 좋거니와 일가나 친척이 아니라고 해서 남을 배척하거나 남에게 각박하게 해서는 못쓴다.

17. 겨레의 향토 생활 속에 자리잡고 있는 일체의 봉건적인 인습과 요소를 물리쳐야 한다.

18. 모든 종류의 미신을 타파해야 한다.

19. 조혼(早婚)이나 인신매매의 유습(陋習)을 고쳐야 한다.

20. 자기 개인의 이익을 위하여 향토를 희생시키는 일이 있어서는 안 된다.

21. 내 고장의 생활수준, 그리고 문화와 교양의 수준을 높이기에 힘써야 한다.

22. 내 고장의 생산물을 존중하고 애용하여 그 품질을 높이고 신용을 두텁게 하는 데 힘써야 한다.

23. **내 고장 내 향토를 부지런하고 넉넉하게 하고 서로 협동하는 마을로 만들어 겨레와 나라의 모범 지역이 되게 해야 한다.**

24. 이웃이 생산, 소비, 협동의 한 단위가 되어 밖에 대하여 한 덩어리로 움직여야 하고 그 속에서 사사로운 이익에 몰리거나 전체의 협동을 깨뜨리거나 하는 일이 없어야 한다.

25. 이웃 전체에 관련되는 일은 이것을 전체의 협의나 의견에 부쳐 결정하도록 하고 자기의 편익에만 기울어져 그 때문에 이웃의 화(和)를 깨뜨리는 일이

있어서는 안 된다.

26. 이웃의 젊은이들은 향토의 전위대^{前衛隊}가 되어 힘을 모아 생산에 정신^{挺身}하고 신의와 예절을 존중하여 마을의 굳건한 기풍을 일으키기에 힘써야 한다.

27. 이웃의 화목과 발전에 유의하여 전체를 돌보고 보살피기에 힘써 한편 구석이 유난히 병들고 썩어 들어가지 않도록 서로 돕고 이끌어야 한다.

★

한민족은 지금 동양의 선민의 지위에 있다.

李 儁

II. 가 정

1. 가정은 그 가정으로서의 전통, 가풍이 존중되어야 한다.

2. 가정은 정답고 품위 있는 가정이 되어 질서와 사랑 속에서 한 가족이 모여 있고 또 쉴 수 있어야 한다.

3. 선조가 끼친 덕의와 유풍을 이어받아 이것을 북돋우고 빛내기에 힘써야 한다.

4. 부모를 봉양하고 동생을 가꾸어 세우는 일은 사람 된 자의 가장 고귀한 의무다. 부모 위에 계시고 동기 연고 없음이 두터운 은혜임을 알아야 한다.

5. **가족은 사랑과 공경으로 서로 대해야 하고 조그만 불편스러움이 있다고 하여 성내고 짜증 쓰고 해서는 못쓴다.**

6. 살림과 옷차림은 이것을 질박, 검소하게 하여 깊이 사치와 허영의 풍風을 물리쳐야 한다.

7. 가구의 사용, 정돈은 언제나 질서 있게 하고 거칠게 다루거나 상하거나 하지 말아야 한다.

8. 가족들의 식사와 옷을 마련하고 그들의 보건을 돌보는 일이 주부로서 가장 존귀한 책무인 것을 알아야 한다.

9. 얼굴빛은 언제나 화평하고 부드럽기를 힘써야 한다. 조그만 불편스러움이 있다고 하여 웃어른 앞에서 찌푸린 얼굴을 하거나 입빠른 대답을 하거나 해서는 못쓴다.

10. 서로 놀리거나 비웃거나 하지 말아야 한다.

11. 어린이들 앞에서 그 쓰는 말이나 몸가짐에 조심해야 한다. 서로 다투거나 속된 흉내를 내거나 할 것이 아니다.

12. 집안이라고 하여 옷차림이나 몸가짐을 아무렇게나 하지 말아야 한다.

13. **얼굴, 말, 태도 같은 데 자기의 감정을 가볍게 나타내서는 못쓴다. 조그만 일로 성을 내거나 또 그것을 사람이나 물건에 옮기는 것은 좋은 습관이 아니다.**

14. 아랫사람에게는 일정한 한계를 지키면서 언제나 부드러워야 하고 조그만 잘못이 있다고 하여 욕설을 퍼붓거나 화풀이를 하거나 해서는 못쓴다.

15. 윗사람의 말대답을 해서는 못쓴다. 윗사람 앞에서 자기를 변명하는 일은 좋은 일은 아니다.

16. 아랫동생들 앞에서 손윗동생을 꾸짖거나 벌하거나 하지 말아야 한다.

17. 집에 들어와서 밖엣 일을 흉보고 밖에 나가서 집안일을 이야기해서는 못쓴다.

18. 가족 사이에서 자기만이 유달리 고생한다는 것을 내세울 것이 아니다.

19. 지나간 잘못이나 불평을 두고 이야기하려고 하지 말아야 한다.

20. **자기의 보는 바를 지나치게 고집하지 말아야 한다. 조그만 일로 다른 사람의 의견을 꺾고 자기 의견을 내세우는 것은 좋은 일이 아니다.**

21. 모든 의식儀式은 형식의 화려함을 피하고 질소, 간결 또 정중하기에 힘써야 한다.

22. 친척이나 친구가 찾아왔을 때는 즐겁게 맞아 정중하게 대우하고 또 이것을 통하여 높고 아름다운 품성을 기르기에 힘써야 한다.

23. 이웃과 화목하고 또 나 스스로 남의 어진 이웃이 되는 것은 나라에 대한 한 개 의무다.

24. 별로 볼일 없이 마을을 가거나 또 가서 오래 앉아 있거나 해서는 못쓴다.

25. 남에게는 되도록 물건을 빌려주고 남의 것은 되도록 빌려오지 않도록 해야 한다. 만일 사정이 있어 이것을 빌려왔을 때는 기한을 넘기지 않도록

해야 한다.

26. 가까운 사이라고 집안의 불평을 털어놓거나 또 이것을 들으려고 해서는 못쓴다.

27. 남이 바쁜 것을 알면서 오래 앉았거나 또 함께 밖에 나가기를 조르거나 하지 말아야 한다.

28. 남의 복잡한 사정을 캐어물으려고 해서는 못쓴다.

29. 남의 옷이나 소지품, 가구 같은 것에 대하여 그 값을 묻고 그 품질을 비평하고 하지 말아야 한다.

30. 남의 처지를 부러워하거나 비웃거나 해서는 못쓴다.

31. **공동 시설에 대하여 그 사용, 정돈, 보관에 유의하고 자기의 편한 것만을 생각하려고 해서는 못쓴다.**

32. 가축을 소중히 하고 또 그 수고를 생각해 주어야 한다.

33. 이웃에 환난과 재변이 있을 때 나아가 돕고 그들의 슬픔과 괴로움을 나누기에 힘써야 한다.

34. 이웃과의 교의는 처음과 나중을 한결같이 하여 갑자기 가까웠다가 멀어졌다가 하는 일이 없도록 해야 한다.

35. 이웃의 좋지 못한 평판을 부러 퍼뜨리려고 해서는 못쓴다.

36. 남의 실패, 불행 또 그 무지를 비웃거나 즐겨 화제로 삼거나 할 것이 아니다.

37. 고난과 불행 속에 있을 때 끝까지 희망을 잃지 않도록 해야 한다.

Ⅲ. 학 원

1. 조례에는 반듯이 참열參列하고 또 지각하지 말아야 한다.

2. 수업 중에는 자세를 바로 하고 정숙히 하여 정성들여 가르침을 받아야 한다.

3. 협의에 있어서는 남의 의견을 존중하고 토의에 참가하고 화평한 분위기를 만들기에 힘써야 한다.

4. 질문, 응답은 자리에서 일어나 명료, 진지 또 요령 있게 해야 한다.

5. 쉬는 시간이라고 하여 함부로 떠들거나 자리를 바꾸거나 해서는 안 된다.

6. 교실의 출입, 복도 계단의 통행 같은 것을 조용하게 해야 한다.

7. 등교 또는 외출할 때는 언제나 소정의 제복 제모를 착용해야 한다.

8. 용의, 복장에 있어서 경박한 유행에 따라가지 말아야 한다.

9. 교사校舍의 내외를 막론하고 큰소리를 내거나 휘파람을 불거나 그 밖의 소란한 짓을 하지 말아야 한다.

10. 무단無斷히 옥상, 지하실 그 밖의 금지 구역에 들어서서는 안 된다.

11. 학교의 수림, 수목, 화단에 손을 댈 것이 아니다.

12. 장소의 여하를 불구하고 쓸데없는 기저김을 해서는 못쓴다.

13. 교사, 교구, 비품, 시설은 언제나 아끼고 조심히 다루어 훼손되지 않도록 주의해야 한다.

14. 고사考査가 있을 때는 학생으로서의 본분과 태도에 어그러지지 않기에 힘써야 한다.

15. 답안을 내고는 정숙히 밖으로 나가야 하고 교실 안에 남아 있거나 복도에 모여 서서 떠들거나 할 것이 아니다.

16. 청소는 생활 수련의 한 기회로 알아 화협, 공동작업의 정신을 발휘해야 한다.

17. 청소의 실제에 당하여는 각자 머리를 쓰고 청소도구의 사용, 수선, 보관, 정돈에 유의해야 한다.

18. 등교, 하교의 도중에는 언제나 용의, 태도를 바로 하고 또 공연히 체유滯遊하지 말아야 한다.

19. 학교의 허락 없이 극장, 음식점 같은 데 출입해서는 안 된다.

20. 학교의 허락 없이 결사結社, 단체에 가입하거나 집회에 참가해서는 안 된다.

21. 모여서 이야기할 때는 언제나 화제를 가리고 야비한 어구나 표현을 따라가지 않도록 해야 한다.

22. **어디 있거나 언제나 바른 자세로 앉고 서고 또 걷고 해야 한다. 뒷짐, 호주머니에 손 넣기, 몸 기대기 같은 습관을 힘써 고쳐야 한다.**

23. 행길에서 떠들거나 남의 행색을 비평하거나 하지 말아야 한다.

24. 시간을 존중 또 엄수해야 한다.

25. 별로 볼일 없이 웃어른이나 친구를 방문하거나 또 오래 앉아 있지 말아야 한다.

26. 강당, 교정 같은 데 집합할 때는 지정된 시간과 자리를 어기지 않도록 하고 특히 개회 전과 폐회 후를 삼가 질서정연히 움직이도록 해야 한다.

27. 강연회, 음악회 같은 것이 있을 때는 용의를 바로 하고 예양禮讓을 지키어 어디까지든지 배우려는 태도를 잃지 않기에 힘써야 한다.

28. 도서열람, 방과 후의 연습운동은 그 종지의 신호가 있을 때 곧 그치고 하교해야 한다.

29. 반회, 교우회 같은 집회에서는 간단명료하게 자기의 소신을 개진하고

발언을 독점하거나 덮어놓고 남의 의견에 반대하거나 해서는 못쓴다.

30. 수학여행, 단체견학 같은 때는 지휘자의 명령에 복종하여 질서 있게 행동하고 겸하여 소기의 성과를 거두도록 해야 한다.

31. **경기회나 웅변회 같은 데서 지나치게 자기편을 편들거나 일부러 저편을 비웃고 놀리거나 하지 말아야 한다.**

32. 공중의 집회에 있어서는 언제나 그 집회의 목적 또 일반에 대한 교육적 효과에 유의하여 품위 있고 아름다운 집합이 되도록 힘써야 한다.

33. 책을 함부로 읽어서는 못쓴다. 언제나 바른 지도를 받도록 해야 한다.

34. 각자의 보건에 주의해야 한다. 특히 음식, 잠, 청결에 유의하고 일상의 기거起居를 규율 있게 해야 한다.

35. 기차, 전차 및 그 밖에 통학생은 차중 또는 노상에서 학생으로서의 체면을 더럽히지 않기에 힘쓰고 또 교통사고의 방지에 나아가 노력해야 한다.

36. 창 옆에 모여 밖을 내다보거나 교탁, 책상, 문턱, 라디에이터 같은 데에 올라앉거나 할 것이 아니다.

37. 교실, 강당의 출입을 정숙 또 질서 있게 하고 책상, 의자 같은 것을 정돈해야 한다.

38. 교사의 내외를 막론하고 한데 모여 떠들거나 밀치고 서로 희롱하고 해서는 못쓴다.

39. 수도水道의 사용에 주의하여 고장을 일으키지 않도록 해야 한다.

40. 변소의 사용을 깨끗이 해야 한다.

41. 남을 놀리거나 또 남에게 놀림 당하려고 하지 말아야 한다. 여럿이 모인 데서 함부로 웃거나 또 웃기려고 하지 말아야 한다.

42. 행길에서 머리를 흔들고 손짓을 해가며 큰소리로 이야기할 것이 아니다.

43. **공공의 장소, 시설, 집회에 대하여는 언제나 공중도덕을 잊지 말아야 한다.**

44. 불구자, 불행한 이에 대하여는 언제나 그들을 돕고 일으키기에 힘써

조금이라도 비웃고 낮추어보고 해서는 못쓴다.

45. 휴가 중이라고 해서 학생으로서의 태도, 규율, 노력을 잊어서는 안 된다.

46. 휴가 중의 여행, 등산 같은 데 있어서는 동반자를 선택하고 또 예정한 기일 안에 돌아오도록 해야 한다.

47. 친구는 자기보다 빼어난 이를 택해야 한다. 좋지 못한 축에 들어 그 물에 젖는 것을 깊이 경계해야 한다.

48. 불의의 사태가 발생했을 때는 침착, 냉정히 행동하고 부질없이 혼란을 일으키지 않도록 해야 한다.

49. 말과 문장의 바른 표현을 존중해야 한다. 시와 노래는 웅건 또 건설적인 것을 외우도록 해야 한다.

50. 생활과 마음가짐을 질박, 건강하게 하여 깊이 썩은 풍조를 물리치기에 힘써야 한다.

서까래 백 개를 고를 적에는 내가 빠졌으나 용마름보 한 개를 구할 때에는 오직 내가 뽑혔노라.

元　曉

Ⅳ. 사　회

1. 개인은 겨레 속에 있고 또 겨레에 이바지해야 할 것임을 깨달아야 한다.

2. 자기 한 몸을 겨레와 사회를 위하여 바친 많은 선인들의 유업을 사모하고 또 행적을 본받기에 힘써야 한다.

3. **개인은 겨레에 대한 충성을 게을리해서는 못쓴다.**

4. 개인의 재능, 기술, 교양, 또는 재산은 언제나 겨레와 사회의 융창을 가져오는 방향으로 사용되어야 한다.

5. 이기주의, 공명심, 출세욕 같은 그릇된 생각과 행동이 생활의 전면으로부터 견결히 물리쳐져야 한다.

6. 겨레와 사회에 대한 올바른 생각을 가져야 하고 전체를 위하여 부분을 바치는 헌신의 정신을 잠시라도 잃어서는 안 된다.

7. 각급 선거에 있어서는 그 일을 맡길 수 있는 충성된 일꾼을 뽑도록 할 것이고 돈이나 정실^{情實}에 흘러 겨레의 긴중한 민주 발전을 꺾어버리는 일이 있어서는 안 된다.

8. 각급 선거에 있어서는 그 규정된 절차를 밟도록 하고 함부로 기권하거나 생각 없이 아무렇게나 투표하는 일이 없도록 해야 한다.

9. 자기가 던지는 깨끗한 한 표가 겨레의 운명과 사회의 발전에 직결되는 것임을 깊이 생각해야 한다.

10. **공무원은 자기가 겨레 또는 사회로부터 선임받은 자임을 알아 그 맡은 일에 있어서 지성으로 민중에 봉사해야 한다.**

11. 공무원은 자기를 민중보다 높은 자로 알아 그들을 마음대로 부리고 휘두를 수 있다고 생각하거나 또 일을 거들어 준 보수를 따로 받으려고 해서는 못쓴다.

12. 공무원은 예절과 염치를 존중하고 일에 있어서 공명정대한 처사를 신조로 해야 한다.

13. 공무원은 그 생활이 질박하고 검소하여 일반의 전범이 되어야 한다.

14. 준법정신을 제고하는 것은 나라에 대한 하나의 긴중한 의무다.

15. 법을 준봉하는 데 있어서 사람이나 계층에 따라 차이가 있어서는 안 된다. 지위가 높으면 높을수록 법의 준봉에 한층 더 엄격하고 충실해야 한다.

16. 자기의 지위나 체모에 빙자하여 법을 굽히려고 해서는 못쓴다.

17. 인권을 존중해야 한다.

18. **과거의 인습에 붙잡혀 성별, 지위, 문벌, 교양에 따라 그 사람을 차별하려고 해서는 못쓴다.**

19. 각급 의회의 의원은 그 수임 받은 일에 대하여 성실하게 이것을 연구, 심의, 결정, 감사에 힘쓸 것이고 부질없이 당파를 지어 의회 안에서 파쟁을 일삼아서는 못쓴다.

20. 각급 의회의 의원은 생활과 작풍에 있어서 일반의 전범이 되도록 해야 하고 이권을 쟁탈하거나 부허한 풍조에 흐르거나 하여 사회의 지탄을 받지 않도록 해야 한다.

21. 국민의 바치는 세금이 국가 재정의 근간임을 생각하여 납세를 언제나 기일 안에 바치도록 하고 또 탈세 같은 것을 생각해서는 못쓴다.

22. 납세의 의무를 거절하고 또 그 기일을 천연(遷延)하기 위하여 정부를 비난하거나 행정에 대한 불평을 말하거나 해서는 못쓴다.

23. 행정 기관을 신뢰하고 또 일반에 대한 시책에 나아가 협력해야 한다.

24. 행정 기관으로부터 신고의 요구나 조사가 있을 때는 언제나 사실을 숨기지 말고 정직하게 신고해야 한다.

25. 함부로 정부를 비난하고 그 시책을 방해하는 것은 국민 된 자의 도리가 아니다.

26. 자기 한 사람의 이해 손익을 표준으로 하여 국가의 시책을 일일이 비난 공격해서는 못쓴다.

27. 집권당이나 반대당은 각각 그 정책을 가지고 당당히 싸워야 할 것이고 부질없이 인신을 공격하거나 함부로 민중을 선동하거나 하여 겨레의 화와 도의를 파괴하는 일이 있어서는 안 된다.

28. 집권당이나 반대당은 화협과 상호 비판 속에서 나라의 일을 올바로 이끌어 나가기에 힘써야 한다.

29. 산업 단체, 문화 단체, 각 학회, 각 교파 같은 데 있어서는 각각 겨레와 사회에 봉사하는 그 본령에 비추어 단결, 교양, 훈련, 교화에 힘쓸 것이요, 부질없이 파쟁에 떨어져 겨레의 독립과 융창을 위태롭게 하는 일이 있어서는 안 된다.

30. **산업에 종사하는 개인이나 기관은 신용과 성실을 신조로 하여 생산 기술과 생산품의 향상에 힘써 겨레의 산업 발전에 공헌해야 한다.**

31. 산업에 종사하는 개인이나 기관은 원조를 받기 위하여 없는 기구를 만들거나 또 하지 않는 일을 하는 것처럼 꾸며서는 못쓴다.

32. 산업에 종사하는 개인이나 기관은 이중장부를 만들거나 이중 계획서를 꾸며 사사로운 이익이나 특혜를 낚아 올리려고 해서는 못쓴다.

33. 산업에 종사하는 개인이나 기관은 자기 책임 아래 만들어 내거나 사들이는 물건이 견고하고 정순하여 소비자에 의하여 두터운 신뢰를 받도록 해야 한다.

34. 교육 기관이나 교회 및 사원(寺院)은 그 본래의 사명에 비추어 겨레에 대한 올바른 교육과 교화를 담당해야 할 것이요, 이것을 가지고 영리에 흐르거나 자파의 세력을 부식하는 도구로 쓰거나 해서는 안 된다.

35. 교육 기관이나 교회 및 사원은 겨레의 질박 견강한 정신 및 윤리의 중심이 되어야 하고 부질없이 의식, 선전, 자기도취에 떨어지거나 민중의 공

명심, 헛된 원욕에 영합하거나 해서는 못쓴다.

36. **언론은 언제나 겨레 및 사회의 정당한 여론을 존중 또 향도하기에 힘써야 할 것이요, 없는 사실을 조작하여 일당일파의 편벽된 소견을 민중에게 퍼뜨리려고 할 것이 아니다.**

37. 언론은 언제나 그 주장이 공명정대하고 그 보도가 공평하여 일반으로 하여금 바른 판단을 내릴 수 있는 재료를 제공하기에 힘써야 한다. 글 쓰는 사람의 말재주나 붓방아로 민중의 흥분된 감정을 조발 선동하는 방향으로 이끌어서는 못쓴다.

38. 영화, 음악, 연극, 문학에 종사하는 예술인 및 기업인은 예술이 민중의 정서에 미치는 영향에 유의하여 겨레의 건전한 전통이나 풍상을 저해하는 저속한 장면, 음곡의 제작·상연을 폐기 금지하도록 해야 한다.

39. 영화, 음악, 연극, 문학에 종사하는 예술인 및 기업인은 성실 또 웅건한 작품을 제작 보급시키기에 힘쓰고 그들 자신의 생활 작풍이 질박하고 검소하여 일반의 전범이 되도록 해야 한다.

40. 신문, 잡지 편집이나 그 집필은 독자에게 미치는 영향에 유의하여 저속한 선정적인 장면 및 사건의 서술을 삼가도록 해야 한다.

41. **라디오, 텔레비전의 프로는 민중의 정서를 순화하고 그 건전한 생활 기풍을 북돋우는 데 유의해야 한다.**

42. 고아원, 양로원 같은 자선사업에 있어서는 그 본래의 취지와 정신에 부합하기에 힘써야 할 것이요 이것을 빙자하여 개인이나 기관의 사사로운 이익을 도모해서는 못쓴다.

43. 청소년 원호에 대한 법안이 제정되어야 한다. 학교 교회 그 밖의 사회 단체에서는 전재고아(戰災孤兒), 직업 소년에 대한 적극적인 구원의 손을 뻗쳐야 한다.

44. 관혼상제(冠婚喪祭)와 같은 예식에 있어서는 각각 그 식의 취지와 정신에 비추어 근엄 정중하게 행해야 하고 쓸데없이 허례허식에 흘러 부화 사치한

풍상에 따라가서는 못쓴다.

45. 밀수입, 밀수출은 국가의 명맥을 쏘는 자벌레다.

46. 겨레와 겨레 사이의 이해와 협조에 유의하여 협동과 단결에 의하여 국제평화를 달성하고 문화의 진전에 공헌하도록 해야 한다.

47. 민족중흥의 긴중한 책임이 나 하나, 내 한 가정의 결심과 작풍에 달렸음을 깊이 생각해야 한다.

V. 직 장

1. **출근 시간 집무 시간을 엄수해야 한다.**

2. 집무 중 쓸데없는 이야기를 주고받고 할 것이 아니다.

3. 자기 맡은 일이 전체의 업무 속에서 어떤 지위, 성질, 관련을 가진지를 알아두도록 해야 한다.

4. 자기 맡은 책임을 끝까지 또 성실하게 이행하도록 해야 한다.

5. 자기 일이 바쁘다고 하여 동료나 손님에게 까닭 없이 짜증을 내서는 못쓴다.

6. 일의 처리는 순서 있고 신속히 해야 한다.

7. 일의 성질에 따르는 종縱 및 횡橫에 대한 연락을 잊어서는 안 된다.

8. 번거롭다고 하여 마음대로 일의 순서와 절차를 빼어버릴 것이 아니다.

9. 손님을 오래 기다리게 하거나 그 말이 끝나기 전에 앞선 판정을 내리거나 해서는 못쓴다.

10. **일을 위하여 일에 충실하도록 해야 한다. 일에 있어서 보수나 표상이나 평판 같은 것을 생각해서는 못쓴다.**

11. 집무 중은 물론 일체의 한담閑談 한화閑話를 금해야 한다.

12. 집무 중에는 절대로 정숙해야 한다.

13. 같은 직장에 있으면서 성격이 다소 맞지 않는다고 하여 유난히 멀리하거나 미워하거나 하지 말아야 한다.

14. 직위에 따라 그 사람을 구별하려 하지 말고 그 사람됨을 배우고 특히

남의 수고와 고생을 헤아릴 줄 아는 아름다운 가슴을 기르도록 해야 한다.

15. 여럿이 앉아서 남을 흉보거나 비난하거나 하지 말아야 한다.

16. 직장이 밖에 있어서의 한 개 따뜻한 가정임을 생각해야 한다.

17. 책임과 질서, 그리고 전체의 유기적인 움직임이 곧 직장의 생명이다.

18. **직장의 정돈, 청결, 그 환경정리에 유의해야 한다.**

19. 직장 안의 설비, 용품을 소중히 해야 한다.

20. 직장이 자기 교양의 장소임을 잊지 말아야 한다.

21. 한가한 때가 돌아왔다고 하여 지나친 농담이나 험구에 빠질 것이 아니다.

22. 자기의 취미나 생각하는 바를 동료에게 강요할 것이 아니다.

23. 자기 직장, 직업에 대하여 불평을 말하지 말아야 한다.

24. 자기 손에서 만들어지는 물건 하나, 그 처리되는 문서 한 건이 나라에 이바지하는 바 큰 것을 생각해야 한다.

25. 꾸준히 묵묵히 또 부지런히 일하는 것이 어떻게 고귀하다는 것을 알고 또 자기 스스로 이 같은 빼어난 습성을 기르기에 힘써야 한다.

26. **동료의 결점, 비행非行을 여럿 앞에서 이야기할 것이 아니다.**

27. 언제나 건강에 유의하여 몸을 무리하게 쓰는 일이 없어야 한다. 일할 수 있는 튼튼한 몸이 허락된 것을 고맙게 또 소중하게 알아야 한다.

28. 맡은 일을 성과 있게 치러나감은 즐거운 일이다.

29. 자기가 어떤 일에 능숙하다고 하여 그 솜씨를 뽐내거나 자랑하거나 하지 말아야 한다.

30. 다소 기분이 언짢다고 하여 그 분풀이를 사람이나 일에 옮기지 말아야 한다.

31. 남의 가정, 사상, 신앙에 대하여 알려고 하지 말고 또 비난, 비평하려고 하지 말아야 한다.

32. 지나친 농담을 피해야 한다.

33. 직장의 평화와 질서를 존중하고, 언제나 정답고 품위 있는 일터가 되

게 해야 한다.

34. 자기 직업 속에서 희망과 즐거움을 찾아내도록 하고 또 그것이 자기에게 맡겨진 천직임을 깨달아야 한다.

언제나 홀로 있을 때를 삼가라. 이 생각을 가슴 가운데 두어 염념(念念)히 게을리 아니하면 모든 그릇된 생각이 자연 일어나지 아니할 것이다.

栗 谷

Ⅵ. 간 부

1. 간부는 겨레의 머리요 심장임을 자각해야 한다.

2. 간부는 진실한 민중의 벗, 끊일 줄 모르는 민중의 교육자가 되어야 한다.

3. 간부는 그 맡은 일에 있어서 흔들리지 않는 예지叡知로써 이것을 판단하고 치밀한 계획과 과감한 실천력을 갖추도록 해야 한다.

4. **간부는 겸손해야 한다.**

5. 간부는 그 배하配下의 전원을 장악하고 간난艱難과 신고辛苦의 선두에 서서 몸소 그들을 이끌고 나아가기에 힘써야 한다.

6. 간부는 지도자로서의 금도襟度와 의표儀表를 갖추어 지나친 걱정이나 간섭을 하려고 하지 말아야 한다.

7. 간부는 깊이 독재, 전제專制의 풍을 삼가야 한다.

8. 간부는 그 생활과 지조志操에 있어서 청렴, 고결로써 일반의 사표師表가 되기에 힘써야 한다.

9. 간부는 일에 대한 열과 성, 그 고아高雅한 인격에 의하여 한개 정신적인 중심을 형성해야 한다.

10. 간부는 깊이 그 쓰는 사람을 알고 또 끝까지 믿어야 한다.

11. 간부는 그 배하에 있는 이들을 권모술수에 의하여 통어統御하려고 해서는 못쓴다.

12. 간부는 일의 전 영야, 전 국면을 살펴 그것을 살리기에 힘쓰고 그 한 구석의 득실에 붙잡히지 말아야 한다.

13. 간부는 자기의 식견이나 경험에 만족할 것이 아니다.

14. 간부는 자기 주위에 한개 정다운 가정적 분위기를 만들기에 힘써야 한다.

15. 간부는 일의 중심이 될 뿐만 아니라 나아가 교양의 중심, 화협과 신의의 중심이 되기에 힘써야 한다.

16. 간부는 끊임없는 희망, 끊임없는 계획, 끊임없는 노력 속에서 살도록 해야 한다.

17. 간부는 아침에 남보다 먼저 나오고 저녁에 늦게 돌아가도록 해야 한다.

18. 간부는 자기 직역職域의 일과 함께 남의 직역의 일을 존중하고 또 거기서 배울 줄을 알아야 한다.

19. 간부는 일의 잘못된 책임을 자기가 지고 그 잘된 성과는 이것을 아래 있는 이들에게 돌려야 한다.

20. 간부는 겨레와 민중이 무엇을 요구하는지를 바로 알도록 해야 한다.

21. 간부는 거칠거나 경솔해서는 못쓴다.

22. 간부는 굳건한 신념의 사람이 되어야 한다.

23. 간부는 일에 임하여 우유부단한 태도에 떨어져서는 못쓴다.

24. 간부는 그 생활을 질박, 간소하게 하여 깊이 부화허식浮華虛飾의 풍을 삼가야 한다.

25. 간부는 자기 자신 언제나 겨레의 윤리를 높이기에 힘써야 한다.

26. 간부는 그 주위에 있는 이들을 높고 뜨거운 동지애로 대하도록 해야 한다.

27. 간부는 부단히 자기교양에 힘써야 한다.

VII. 국토의 보위

1. **국토의 보위는 온 겨레의 신성한 의무다.**

2. 국군창립의 숭고한 정신을 생각해야 한다.

3. 국군의 빛나는 전통과 기풍을 이어나아가기에 힘써야 한다.

4. 국군의 규율과 명령을 생명 이상으로 중히 알아야 한다.

5. 군인으로서의 경력과 자질을 갖는 것은 겨레에 대한 지극히 높은 의무요 또 권리다.

6. 군인은 언제나 싸움터에 있는 생활과 태도를 가져야 한다.

7. 군인은 세속적인 영예에서 벗어나 지고지순한 사생관(死生觀)에 철(徹)해야 한다.

8. 군인은 신의를 지켜야 한다.

9. 군인은 생활 및 지조에 있어서 일반의 전범이 되기에 힘써야 한다.

10. **군인은 예절을 존중해야 한다.**

11. 군인은 부화, 허식, 유락, 방종의 풍을 삼가야 한다.

12. 군인은 숭고한 사랑의 정신에 철해야 한다.

13. 군인은 언제나 그 하는 일이 분명하고 계획이 있고 또 확실해야 한다.

14. 군인은 그 접하는 사물에 부드럽고 치밀해야 한다.

15. 군인은 군의 지도정신과 그 조직을 파괴하려는 내외의 세력에 대하여 견결히 싸워야 한다.

16. 국토 없는 겨레, 국토를 잃은 겨레의 불행을 상기하라.

17. 국토의 일촌, 일토라도 이것을 남에게 **빼앗겨서는** 안 된다.

18. 국토를 훼손, 손모損耗하는 것은 겨레의 생명의 근원을 모독하는 소행이 되는 것임을 알아야 한다.

19. 국토애가 민족애의 처음이요, 또 나중이다.

20. **국토의 일토일목**一土一木**이 그대로 겨레의 피어린 역사임을 생각해야 한다.**

21. 우리 국토를 헐고 또 이것을 남에게 내어주려는 일체의 움직임과 행동을 견결히 물리쳐야 한다.

22. 국토의 존엄성을 인식해야 한다.

23. 국토 한반도가 겨레의 유구한 터전임을 생각해야 한다.

24. 흙 한 덩이, 풀 한 대가 그대로 존귀한 우리 국토의 정다운 표현임을 알아야 한다.

25. 최후의 일인, 최후의 일각까지 국토의 보위를 위하여 영용히 싸워야 한다.

26. 사치, 방종, 무규율한 군대는 군이 아니고 겨레의 죄인임을 알아야 한다.

마음이 정결한 자는 말이 적다. 마음이 정결하면 말이 적어지기 시작하는 법이다.

栗 谷

Ⅷ. 당 및 단체

1. 당 및 단체의 국가에 있어서의 지위, 책무, 한계를 바로 알아야 한다.

2. **당 및 단체의 지도 정신, 그 강령을 체득하고 또 일상화하기에 힘써야 한다.**

3. 당 및 단체의 가입을 신중히 해야 한다.

4. 당 및 단체가 자기에게 맡기는 책임을 성실 또 완전히 이행하도록 해야 한다.

5. 당 및 단체원으로서의 훈련을 게을리해서는 안 된다.

6. 당 및 단체의 회의에 반드시 출석하고 또 그 토의에 참가하도록 해야 한다.

7. 자기의 보는 바와 같지 않다고 하여 당 및 단체의 결정에 불평을 가져서는 못쓴다.

8. 당 및 단체의 결정 계획을 함부로 외부에 이야기하지 말아야 한다.

9. 당 및 단체의 규율을 존중해야 한다.

10. 회의 때의 토의나 결정에 무관심할 것이 아니다.

11. **당 및 단체의 명의를 빌어 자기의 이익을 도모하려고 해서는 못쓴다.**

12. 자기를 내세우기 위하여 당 및 단체를 내세우지 말아야 한다.

13. 당 및 단체의 당성, 당풍, 당 의식을 존중해야 한다.

14. 당 및 단체 안의 질서와 평화, 우당友黨 및 우단友團과의 연계, 협력에 힘써야 한다.

15. 당 및 단체원은 굳은 동지애로 묶이고 서로 그 인격을 존중해야 한다.

16. 당 및 단체 안에서 쓸데없이 종파宗派를 만들거나 또 만들려고 해서는 못쓴다.

17. 당 및 단체의 일은 당의 노선, 그 실천 강령에 비추어 이것을 집행, 처리하고 개인 사이의 정의에 이끌려 당시黨是, 당의黨議를 굽히는 일이 없도록 해야 한다.

18. 겨레 및 독립국가의 본령에 배반되는 당을 위한 당, 단체를 위한 단체에 떨어지지 않도록 해야 한다.

19. 견고한 조직, 규율 및 훈련—이것이 당 및 단체의 생명임을 잊어서는 안 된다.

20. 당 및 단체가 겨레의 전위대임을 깨달아야 한다.

21 당 및 단체는 민중에 대하여 강력 또 광범한 조직력, 교양력을 가져야 한다.

22. 당 및 단체원은 깊이 민중 속에 들어가 민중의 진정한 벗이 되어야 한다.

23. 당 및 단체의 주위에 부단히 광범한 민중을 묶어세우기에 힘써야 한다.

24. 당 및 단체로부터 징계나 처벌이 있다고 하여 당 및 단체에 대한 충성심을 버리지 말아야 한다.

아름다운 이성을 보는 것은 기쁜 일이다. 만일 그 얼굴이 보고 싶거든 정면으로 당당하게 바라보라. 곁눈으로 엿보지 말라. 그리고 보고 싶다는 생각을 마음에 담아두지 말라.

島 山

IX. 집회와 공중

1. 집회에는 그 집회의 목적, 성질, 및 한계가 있음을 알아야 한다.

2. **집회의 시간을 엄수해야 한다.**

3. 집회는 언제나 예정된 시간에 시작하여 예정된 시간에 마치도록 해야 한다.

4. 민족적 및 국가적 식전(式典)의 참렬에 있어서는 용의(容儀)와 태도를 바로 하고 근엄, 정숙히 하여 식전의 존엄성을 나타내기에 힘써야 한다.

5. 기념식, 추도식 같은 데 있어서는 깊이 그 식의 정신에 돌아가 경건한 태도를 잃지 않도록 해야 한다.

6. 집회가 있을 때 거기에 모인 이들은 그 집회의 목적을 달성하고 또 일반에 대한 교육적인 성과를 거두기에 힘써야 한다.

7. **집회 때의 절차 및 의사의 집행은 질서정연한 한 개의 체계를 이루도록 해야 한다.**

8. 질의, 발언, 의견의 개진에 있어서는 언제나 회(會) 전체의 진행에 유의하고 쓸데없이 반대를 위한 반대, 토론을 위한 토론에 떨어지지 않도록 해야 한다.

9. 자기의 견해는 언제나 간절 또 요령 있게 개진하고 쓸데없이 그 경험이나 지식 같은 것을 늘어놓지 말아야 한다.

10. **자기 혼자서 회(會)의 발언을 독점하거나 함부로 남의 의견을 반대하거나 해서는 못쓴다.**

11. 회석에서 사담을 할 것이 아니다.

12. 표결이 있을 때 함부로 기권하거나 태도의 표명을 아무렇게나 하지 말아야 한다.

13. **강연회, 음악회 같은 데서는 교양 있는 청중으로서의 질서와 예양을 지켜 품위 있고 아름다운 회합을 만들기에 힘써야 한다.**

14. 체육회, 경기회 같은 데 있어서는 민족적 기상의 옹호, 건립을 제일의 第一義로 하여 단순한 승부 관념을 넘어서서 공명정대하게 최후까지 싸우기에 힘써야 한다.

15. 웅변회, 음악회, 경연회의 출장 같은 데 있어서는 자기의 가진 바 실력을 성실하게 발휘하기에 힘쓰고 쓸데없이 그때그때의 청중에게 영합, 아첨하려고 해서는 못쓴다.

16. 시위행렬, 가두행진 같은 행사에 있어서는 특히 지휘처의 명령에 복종하여 질서정연한 민족적인 의표와 훈련을 드러내도록 해야 한다.

17. 경기회, 경연회 은 데서 지나치게 자기편을 응원하고 남의 실수를 기다리고 조롱하는 그릇된 태도를 버리도록 해야 한다.

18. **공원, 유원지 기타의 공공시설을 애호하고 특히 그 청결에 유의해야 한다.**

19. 정거장, 극장 같은 혼잡하기 쉬운 곳에 있어서는 각자가 그 경우에 따라 질서 있게 움직이고 쓸데없이 앞을 다투어 혼잡을 한층 더 심하게 하는 일이 없게 해야 한다.

20. 전차나 기차에 타고 내리는 것을 순서 있게 해야 한다. 바쁘다고 하여 뛰어오르고 뛰어내리고 하지 말아야 한다.

21. 전차나 기차 안에서 어린이, 웃어른, 부인에게 자리를 사양하는 것이 예의다.

22. 전차나 기차 안에서 웃고 떠들거나 노래를 부르거나 해서는 못쓴다.

23. 차안車內의 위생, 청결, 정돈에 유의하고 또 협력해야 한다.

24. 정거장, 우편국, 극장 같은 창구에 있는 이들에게 조그만 일로 짜증을 내어 그들의 피곤한 신경을 괴롭히지 말아야 한다.

25. 차장, 운전수 같은 이들에게 자기의 조그만 불편으로 시비를 따지려고 하지 말아야 한다.

26. 길거리에서 지나가는 사람을 손가락질하거나 그 행색을 비평하거나 할 것이 아니다.

27. **교통규칙, 교통도덕을 엄수해야 한다.**

28. 보행은 언제나 인도를 통행하도록 하고 특히 차도의 횡단 신호에 주의해야 한다.

29. 복잡한 길거리에서 가로 열列을 지어 웃고 떠들면서 걸어가는 일은 보기에 좋은 것도 아니고 또 남에게 시피는 일임을 알아야 한다.

30. **길거리, 열차의 홈, 대합실 같은 데 함부로 침을 뱉거나 또 뱉게 하지 말아야 한다.**

31. 공중변소의 사용을 깨끗이 해야 한다.

32. 남에게 길을 묻거나 가리키거나 할 때는 예의와 친절을 다하도록 해야 한다.

33. 화재의 예방, 화기 단속에 유의해야 한다. 특히 담뱃불 같은 것을 함부로 버리지 않도록 해야 한다.

34. 외국인에게 대하여는 적당한 예의를 표하고 또 우리의 민족적 체면을 유지하기에 힘써야 한다. 까닭 없이 남을 희롱하거나 또 희롱하게 하거나 해서는 안 된다.

35. 단체의 행진이 있을 때 함부로 그 앞을 건너가려고 하지 말아야 한다.

36. **목욕탕, 수영장 같은 데서 함부로 물을 낭비하거나 더럽히거나 하지 말아야 한다. 자기의 편의만을 생각하여 그 시설의 이용을 거칠게 하거나 또 여러 사람에게 시피는 행동 같은 것을 해서는 안 된다.**

37. 협동작업, 공동청소 같은 데 있어서는 언제나 솔선 협력하여 그 예정

된 성과를 거두기에 힘써야 한다. 자기 혼자서만 빠지거나 또 편해지려고 해서는 못쓴다.

38. 자기 집 문 앞, 가로와 집 주위를 언제나 깨끗이 해야 한다. 특히 쓰레기 놓은 장소와 그 사용에 유의하고 모인 쓰레기를 지정된 장소 이외에 버리지 않도록 해야 한다.

★

한 번 잘못되면 그 잘못이 언제까지나 남는 것이다.

島 山

X. 교 양

1. 생활의 전면을 통하여 질서와 규율을 존중해야 한다.

2. 시간을 존중 또 엄수해야 한다. 일정한 시간에 자고 일정한 시간에 일어나는 습관을 기르는 일이 필요하다.

3. 사상이나 생활에 있어서 경박한 유행에 따라가서는 못쓴다.

4. **말은 되도록 적게 해야 한다.**

5. 남의 말을 끝날 때까지 기다리고 또 그 전체의 뜻을 바로 붙잡기에 힘써야 한다. 남의 '말가지'를 따거나 가로 빼앗아가거나 하는 일은 좋은 일이 아니다.

6. 자기를 뽐내거나 지나치게 자신 있는 표현 같은 것을 삼가야 한다.

7. 조그만 일로 자기의 보는 바를 지나치게 고집할 것이 아니다.

8. 자기의 가진바 사상이나 감정에 있어서 남에게 군림하려고 하지 말아야 한다.

9. **겨레를 좀먹는 이기주의, 향락주의에 대하여 견결히 싸워야 한다.**

10. 겨레의 전통이나 풍습 속에 겨레의 품격 및 그 향기가 어린 것을 알아야 한다.

11. 국어를 존중하고 애호하는 일은 겨레 및 나라에 대한 가장 가까운 의무다.

12. 아름다운 국어의 사용에 의하여 겨레의 정서가 맑아지고 민족성의 도야에 이바지하는 바 큰 것을 잊어서는 안 된다.

13. **신의를 지켜야 한다.**

14. 혼자 있을 때나 남을 대할 때나 화평하고 고결한 기상을 가지기에 힘써야 한다.

15. 이웃의 고난을 나아가 도와야 한다.

16. 불행한 사람들을 위로하고 일으키기에 힘써야 한다.

17. 이성 및 이성적인 세계를 언제나 존중하고 또 거기서 인간의 존엄과 성실을 배우도록 해야 한다.

18. 놀고먹으려고 해서는 못쓴다. 일생을 그대로 놀고 지나가려는 퇴폐적인 태도를 물리쳐야 한다.

19. 질소, 검박한 생활을 존상하여 호화롭고 사치스러운 데 떨어지지 않도록 해야 한다.

20. 친구와의 사귐은 담박淡泊하고 오래 가도록 해야 한다.

21. 자기의 감정을 가볍게 얼굴이나 동작에 드러낼 것이 아니다.

22. **노여움을 사람이나 일에 옮겨서는 못쓴다.**

23. 자기 속에 깃들인 교만과 허영에 대하여 견결히 싸워 여기에 이겨야 한다.

24. 사치와 허영이 내면생활의 빈곤에 원인하는 것임을 알아야 한다.

25. **옷차림이나 행실에 있어서 경박한 유행에 따라가서는 못쓴다.**

26. 말과 문장의 바른 표현을 존중해야 한다. 시와 노래는 언제나 웅건하고 건설적인 것을 외우도록 해야 한다.

27. 자기 마음속에 여러 모양의 물결이 일어나는 것을 보고 또 이것을 맑히기에 힘써야 한다.

28. 남을 꺼꾸러트리는 데 쾌재快哉를 부르는 병신된 조선조朝鮮朝적 성격에서 벗어나야 한다.

29. 일에 언제나 정성을 들여야 한다. 적은 일이라고 하여 이것을 아무렇게나 할 것이 아니다.

30. 모르는 이를 가르치기를 게을리해서는 못쓴다.

31. 남들이 해도 안 해야 할 때가 있고 남들이 안 해도 해야 할 때가 있다.

32. 세속적이고 썩은 풍조에 영합하려고 해서는 못쓴다.

33. **사상, 생활 및 신앙의 형식주의를 물리쳐야 한다.**

34. 자기의 운명은 자기의 노력으로 이것을 개척해야 한다. 잔꾀나 재주로 요행을 쏘아 맞추려고 해서는 못쓴다.

35. 자기 혼자만을 높이여 고거와 청담을 일삼지 말아야 한다.

36. 일에 임하여는 여성의 꼼꼼함과 남성의 시원스러움을 아울러 갖추도록 해야 한다.

37. 안의 인격이 밖에 나타나고 밖의 표현이 안에 영향을 주는 것임을 알아야 한다.

동반도의 하늘에 높다란 불꽃을 올린 오월혁명에 의하여 국가재건의 우렁찬 마치 소리가 동리마다 들리고 있다. 한토의 민주주의는 이제 새로운 진전을 꾀해야 할 것이다. 그런데 일반민중의 도덕적 상황이 별로 개변되지 않고 있다. 이것은 오늘의 겨레의 저 병신된 풍조, 그조차 오는 바 멀고 깊은 데 있음을 보이는 일이기도 하다. 그러나 그렇다고 하여 민족역량의 약함을 개탄만 하거나 윤리 전선이란 이름 아래 헛된 형식, 번거로운 설교에 떨어질 바 아니다.

1945년 제2차대전 종전과 함께 우리나라와 서독은 같은 가혹한 조건 아래서 자기를 새로 건립하기 시작했다. 그런데 오늘의 우리와 저 사이의 심한 차이는 system이나 program의 탓보다도 그 사람의 성격, 성정 그리고 그 일 해가는 작풍의 차일 것이다. 지금 우리에게 시급한 일은 겨레의 한 사람 한 사람이 냄새나는 옷, 무너나는 껍질, 벌레덩어리가 된 심장을 도려내 버리고 새로운 성격 새로운 심정 새로운 습관에 있어서 거듭나는 일이다.

그런데 이 성격, 심정, 습관의 개변이 다름 아닌 윤리운동이고 이 윤리운동이 뒷받침하는 데 있어만 한토의 민주주의는 그 짓궂은 공전으로부터 힘차게 전진할 수 있을 것이다. 이제 우리들은 겨레의 운명을 내거는 마지막 싸움을 위하여 새로운 씨를 뿌릴 수 있는 터전을 골라야 한다. 그 새로운 터전이 내 가정이요 내 학원이요 그 속에서 자라나는 어린 못자리들이다. 이 보람 있는 터전을 확보하고 차단하고 거기에 햇볕과 대기와 맑은 물을 이끌어 넣는 것이 우리들이 겨레를 위하여 할 수 있고 또 해야 할 일일 것이다.

겨레의 한 사람 한 사람이 겨레의 상하를 휩쓰는 교만한 탁류에 항抗하여 견결히 싸울 때가 돌아왔다. 이 조그만 책은 율곡의 격몽요결, 다산의 목민심서를 본받아 겨레의 질박강건한 기풍을 일으키는 데 도움이 되게 하기 위하여 실천조항을 모아 엮은 것이다. 가정과 사회, 부로父老와 자제가 한가지로 힘쓰고 행하여 겨레의 품위를 높이는 데 조금이라도 도움이 된다고 하면 다행일 것이다.

1962년 1월

金 基 錫

김기석(金基錫)

- 1905년 평북 용천(龍川)에서 출생
- 오산중학교 졸업
- 일본 早稻田(와세다)대 고등사범학부 영문학과 졸업
- 일본 동북대 철학과 졸업
- 정주중학교 교장
- 서울대 사대학장
- 한국교육학회 초대회장
- 학술원 회원
- 단국대 총장
- 경남대 총장
- 동방아카데미 원장

한국의 미래와 민족성

초판 인쇄	2007년 1월 2일
초판 발행	2007년 1월 2일
지 은 이	김기석
펴 낸 이	채종준
펴 낸 곳	한국학술정보㈜
	413-756 경기도 파주시 교하읍 문발리 526-2
	파주출판문화정보산업단지
	전화 031) 908-3181(대표) · 팩스 031) 908-3189
	홈페이지 http://www.kstudy.com
	e-mail(출판사업부) publish@kstudy.com
등 록	제일산-115호(2000. 6. 19)
가 격	10,000원

ISBN   978-89-534-6188-8 93330 (Paper Book)
        978-89-534-6189-5 98330 (e-Book)